꽃보다 시사 중국어

초급

차성만 저

백산출판사

머리말

모국어 이외의 제2 언어 통칭 외국어의 습득에는 왕도가 없다고 합니다. 그러나 중국어의 습득에는 효과적인 방법이 있습니다. 효과적이라는 말과는 역설적이지만, 무엇보다도 지속적이며 정기적으로 학습을 하는 것입니다. 지속적이란 끊이지 않고 중국어를 공부하는 것입니다. 즉 학습 목표의 일정한 분량을 목표 달성 때까지 끊이지 않고 계속적으로 중국어 공부를 하는 것입니다. 정기적이란 매일 일정한 시간 동안 중국어를 공부하는 것입니다. 즉 매일 짧든 길든 일정한 시간 동안을 단절하지 않고 끈기 있게 중국어 공부를 하는 것입니다. 아무리 오랫동안 중국어 공부를 자주 한다고 해도 하다가 말다가 간헐적으로 한다든지 단기적으로 한다면, 시간을 투여한 만큼의 성과는 거두지 못하고 시간만 낭비할 것입니다. 즉 조금씩이라도 끊임없이 매일 중국어 공부를 하는 것이 중요합니다.

그리고 더 중요한 것은 중국 문장이 아닌 중국어 습득을 원한다면, 눈으로 보거나 머리로 이해하는 것뿐만 아니라 소리 내어 반복하여 읽고 귀로 들으면서 입으로 말하는 중국어를 공부해야 합니다. 소리 내어 읽기와 귀로 듣기는 중국어의 이해를 위해서 그리고 말하기는 중국어의 표현을 위해서 반드시 통달해야 할 부분입니다. 우리가 외국어의 습득을 위해서는, 먼저 외국어의 이해가 있어야 하고 그 이해를 바탕으로 외국어의 표현을 해야 합니다. 특히 외국어 습득의 목적을 의사소통에 둔다면, 소리 내어 읽기와 듣기 및 말하기는 입과 귀 및 소리에 의해 이루어지는 필수 과정입니다. 많은 중국어 학습의 경우, 특히 시사중국어 학습 과정에서는 눈으로 읽기와 손으로 쓰기에 한정되는 학습 방법에 의존하고 있습니다. 눈으로 읽기와 손으로 쓰기가 각각 중국어의 이해와 표현에서 필요한 기본 방법 중 하나이지만, 중국어 학습의 최종 목표는 의사소통과 표현에 두어야 하고, 이를 달성할 수 있는 방법은 소리 내어 읽기와 귀로 듣기 및 입으로 말하기에서 찾아야 합니다. 본서는 이러한 목표를 달성하는 방법으로 - 비록 문장에 의한 학습 방법이지만 - 소리 내어 읽고 귀로 들으며 입으로 말할 수 있는 시사중국어 습득 방법을 준비하였습니다.

본서는 위와 같은 학습 목표를 위해 다음과 같은 특징을 지니고 있습니다. 먼저 본서의 작성 의도는 현대중국사회를 널리 이해할 수 있는 내용을 제공하고, 기본적으로 문장 독해의 방법을 제시하며, 초급 과정 이후 필수적인 읽기와 표현의 숙달을 위한 방법을 배려하는 것입니다.

그리고 본서는 중국어회화의 초급 과정을 마치고 중국어의 관심을 심화시키며 시사중국어에 접하고자 하는 독해 초급 과정을 학습 대상으로 합니다. 또한 본서는 전체 15개 과로 구성되고, 각 과는 하나의 주제하에서 몇 개의 단락으로 구분하여 ① 본문, ② 발음 연습, ③ 단어 정리, ④ 번역 등 4개 항목으로 이루어집니다.

본문의 내용은 현대중국의 문화·사회·경제·정치에 관한 시사 문장을 취급함으로써 여러 분야의 어휘를 접하고 어휘의 사용법을 확대시키고자 합니다. 발음 연습은 문장의 읽기뿐만 아니라 중급과 고급 회화에 능숙히 활용할 수 있도록 성조와 한어병음을 표기하였고, 단어 정리는 단어의 내용과 활용을 나열하고 문장의 번역을 돕기 위한 직역과 의역의 내용을 병렬하였으며, 본문의 번역은 가능한 한 우선적으로 직역을 하고 의미 전달을 위해 때로는 보충적으로 의역을 선용합니다.

본서의 강조점은 ① 시사중국어를 쉽게 공부할 수 있도록 만드는 것입니다. 사전을 찾지 않고도 번역할 수 있도록 많은 중요하거나 필수적인 단어를 매 과마다 반복해서 모두 정리하며, 단어의 내용 뒤에 활용의 예문을 나열하여, 문장의 번역을 돕기 위한 직역을 먼저하고 뒤이어 의역을 병렬하였습니다. ② 시사 중국어를 읽어낼 수 있도록 만드는 것입니다. 먼저 본문에는 성조 표시를 한자 위에 표기하고, 발음 연습에는 한어병음을 로마자로 표기함으로써 읽기에 편리함을 제공하였습니다. 다음으로 이 책은 중국어 시사 문장을 취급하는 데 있어 내용의 독해만을 위주로 하는 것이 아니라, 소리를 내어 읽을 수 있고 나중에는 이를 기초로 중급·고급 회화에 능숙히 활용할 수 있도록 발음 연습의 기회를 제공하여 눈으로 보고 머리로 이해할 뿐만 아니라, 자신의 입으로 읽으면서 자신의 귀로 듣고 결국 자신의 입으로 말할 수 있는 기초를 쌓는 것에 목표를 두고 있습니다.

다시 한번 강조하고 싶은 것은, 행복은 주어지는 것이 아니고 만들어가는 것이라고 믿으면서 중국어 습득의 성과는 남이 주는 것이 아니라 결국 자신이 만들어가는 자신의 노력으로 결정된다는 점입니다.

끝으로, 원고 정리를 도와준 리빈께 감사드리며, 색인 작성과 책표지 도안에 힘써 준 슬과 항상 힘이 되어 준 람에게도 고마움을 느낍니다. 아울러 이 책이 완성되도록 노력을 아끼지 않은 백산출판사 사장님과 편집부 임직원께 깊은 감사를 드립니다.

曉凡齋에서

차성만 씀

차례

1 문화:
추동 털옷의 매력

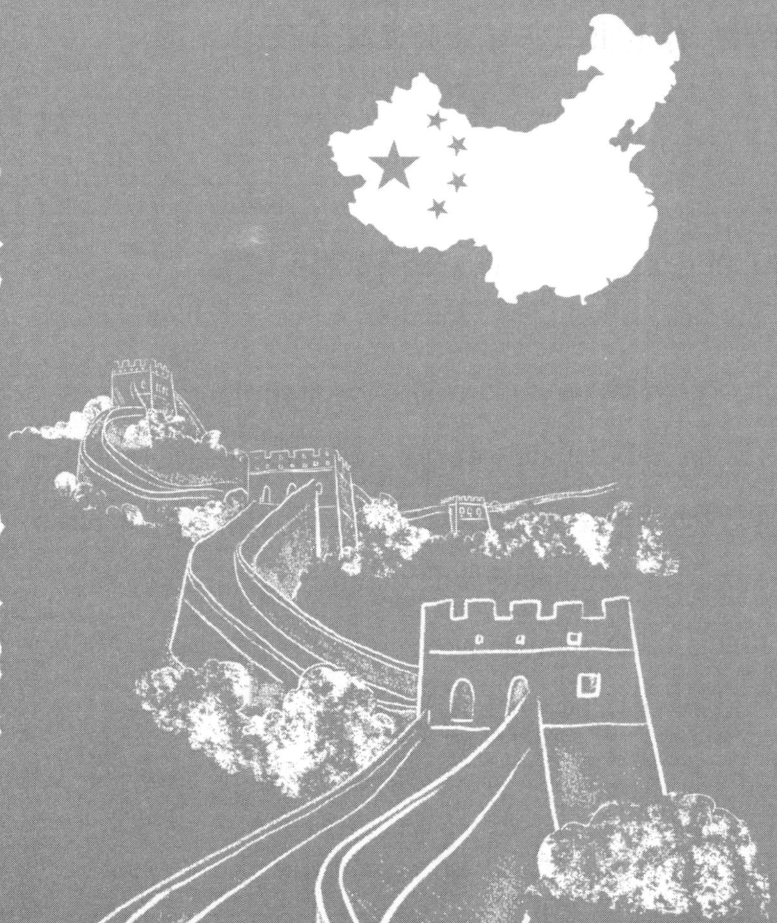

China

본 문 1-1 秋冬毛衣的流行要决:

毛衣在秋冬季节的穿着高频率，决定了它在服装中的主角地位。今季毛衣的材料大多加入了羊绒，通过特殊的工艺处理，手感更轻，质感更薄，同时以紧身或贴身设计，突出女性玲珑的曲线，打造出凹凸有致的温暖效果。

발음 연습 1-2 qīudōng máoyī dė liúxíng yàojué :

máoyī zài qīudōng jìjié dė chuānzhė gāo pínlǜ, juédìng lė tā zài fúzhuāng zhōng dė zhǔjué dìwèi。jīnjì máoyī dė cáiliào dàduō jiārù lė yángróng, tōngguò tèshū dė gōngyì chǔlǐ, shǒugǎn gēng qīng, zhìgǎn gēng báo, tóngshí yǐ jǐnshēn huò tiēshēn shèjì, tūchū nǚxìng línglóng dė qūxiàn, dǎzàochu āotū yǒuzhì dė wēnnuǎn xiàoguǒ。

단어 정리

要决(yàojué) : 비결, 요결.

穿着(chuānzhė) : 옷을 입고(착용하고) 있는. 着(zhė) : …하고 있다. …한 채로 있다. …하면서, …한 채로.
穿着(chuānzhuó) : 옷, 복장.

频率(pínlǜ) : 빈도. 주파수. 高频率 : 높은 빈도.
→ 穿着高频率 : 높은 착의(착용) 빈도. 많이 입는 빈도.
主角(zhǔjué) : 주역, 주인공.
今(jīn) : 지금 · 현재 · 현대(의). 今晨 : 오늘 아침. 今春 : 올 봄.
→ 今季 : 이번 계절.
大多(dàduō) : 대부분, 거의 다.
加入(jiārù) : 집어 넣다. 더하다, 첨가하다. 보태다. 가입하다, 참가하다.
羊绒(yángróng) : cashmere. 绒(róng) : 부드럽고 가는 털, 융모, 솜털. 羊绒线(xiàn) : 캐시미어 털실.
手感(shǒugǎn) : 감촉.
质感(zhìgǎn) : 질감.
紧身(jǐnshēn) = 紧身儿(jǐnshēnr) : (의복 등이)몸에 꼭 맞다, 착 달라붙다. 내의, 속옷.
贴身(儿)(tiēshēn(r)) : (옷이)몸에 붙다. 몸 곁에 따라다니다, 신변에 붙어다니다. (축구 등)대인방어.
玲珑(línglóng) : (물건이)정교하고 아름답다. (사람이)영리하고 민첩하다. 눈부시게 찬란하다, 영롱하다.
打造(dǎzào) : (금속제품)만들다, 제조하다.
出(chu) : [동사 뒤에 쓰여, 안에서 밖으로, 나타나다, 완성되다를 의미함]
凹凸(āotū) : 양감(量感, 볼륨감) 있다, 요철이 있다, 올록볼록하다.
有致(yǒuzhì) : 정취가 가득하다. 致(zhì) : 정취, 흥취.

번역 1-3 추동 털옷의 유행 비결:

털옷을 가을 · 겨울에 많이 입는 빈도는, 털옷이 복장 가운데에서 갖는 주인공의 지위를 결정하였다. 이번 계절 털옷의 재료는 대부분 캐시미어를 첨가하였고, 특수한 공예 처리를 통해, 감촉은 더욱 가볍고, 질감은 더욱 얇으며, 동시에 몸에 꼭 맞거나 달라붙는 디자인으로써, 여성의 아름다운 곡선을 돋보이게 하며, 양감 있고 정취 있는 따스한 효과를 만들어낸다.

본문 2-1

毛衣在秋冬季节的穿着高频率，决定了它在服装中的主角地位，推翻了以往占据主导地位的深色色调，取而代之的是丰富的、变幻无穷的明亮色系：粉红色、粉蓝色、粉绿色等是年轻女性的最爱。在阴冷的深秋，穿上一件色彩跳跃的毛衣，仿佛又回到了春天的灿烂之中。

발음 연습 2-2

máoyī zài qīudōng jìjié dė chuānzhė gāo pínlǜ, juédìng lė tā zài fúzhuāng zhōng dė zhǔjué dìwèi, tuīfān lė yǐwǎng zhānjù zhǔdǎo dìwèi dė shēnsè sèdiào, qǔérdàizhī dė shì fēngfù dė、biànhuàn wúqióng dė míngliàng sèxì : fěnhóngsè, fěnlánsè, fěnlǜsè děng shì niánqīng nǚxìng dė zuìài。zài yīnlěng dė shēnqīu, chuān shàng yíjiàn sècǎi tiàoyuè dė máoyī, fǎngfú yòu huídào lė chūntiān dė cànlàn zhīzhōng。

단어 정리

推翻(tuīfān) : (기존 국면을)전복시키다, 뒤집다. (기존 결정을)번복하다, 뒤집다, 뒤엎다.

占据(zhānjù) : (장소를)점거하다, 차지하다.

深色(shēnsè) : 짙은 색. ↔ 浅色(qiǎnsè) : 연(軟)한 색.

色调(sèdiào) : 색조. 사상 · 감정의 색채.

取而代之(qǔérdàizhī) = 取代(qǔdài) : 대치하다, 자리를 빼앗아 대신 들어서다.

变幻(biànhuàn) : 변환하다. 风云变幻 : 풍운의 조화. 变幻万千 : 천변만화하다.

明亮(míngliàng) : (빛이)밝다, 환하다. 빛나다, 반짝거리다. 명백하다, 분명하다.

色系(sèxì) : 색 계열. 系(xì) : 계열.

粉(fěn) : 흰 가루의, 흰색의. 분홍색, 핑크색.
파스텔pastel조(調, 톤tone)의(연하고 부드러운 중간색의 색조).
→ 粉红(fěnhóng) : 옅은 홍색(분홍색). → 粉蓝(fěnlán) : 옅은 남색. → 粉绿(fěnlǜ) : 옅은 녹색.

阴(yīn) : (날씨)흐리다. 그늘.

冷(lěng) : (날씨)춥다, 차다.

深秋(shēnqīu) : 늦가을.

跳跃(tiàoyuè) : 도약하다, 뛰어오르다. → 활기차다.

仿佛(fǎngfú) : 마치 …인 듯하다. 비슷 · 유사하다. = 彷彿(fǎngfú)

灿烂(cànlàn) : 찬란하다, 선명하게 빛나다, 눈부시게 현란하다.

번역 2-3

털옷을 가을 · 겨울에 많이 입는 빈도는, 털옷이 복장 가운데에서 갖는 주인공의 지위를 결정하였고, 과거 주도적 지위를 차지했던 짙은 색조를 뒤집었으며, 그것을 대신한 것은 풍부하고 변화무궁한 밝은색 계열이고, 즉 분홍색 · 옅은 남색 · 옅은 녹색 등은 젊은 여성이 가장 좋아하는 것이다. 흐리고 추운 늦가을에 색채가 활기 찬 털옷을 한 벌 입는다면, 마치 봄날의 찬란한 가운데로 다시 되돌아온 듯하다.

본 문 3-1

另外时髦的军绿色、咖啡色、亚麻色也在毛衣时尚中充当先锋的角色，配以流行的设计，毛衣就会呈现出俊朗帅气的另一种风格。

발음 연습 3-2

lìngwài shímáo dė jūnlǜsè、kāfēisè、yàmásè yě zài máoyī shíshàng zhōng chōngdāng xiānfēng dė juésè, pèi yǐ liúxíng dė shèjì, máoyī jiù huì chéngxiànchu jùnlǎng shuàiqi dė lìngyìzhǒng fēnggé。

단어 정리

时髦(shímáo) : 유행(이다), 현대적(이다). 赶(gǎn)时髦 : 유행을 따르다.

军绿色(jūnlǜsè) : 국방색, 카키색 혹은 진초록.

亚麻色(yàmásè) : 아마(亞麻)색. → 황갈색.

时尚(shíshàng) : 시대적 유행, 당시의 풍조, 시대적 풍모.

充当(chōngdāng) : 충당 · 담당하다.

配(pèi) : [동] 어떤 것에 덧붙여 그것이 더 돋보이게 하다, 받쳐주다.
  红花配绿叶 : 홍화에 녹엽을 받쳐주다.

(적당한 기준 · 비례로)배합하다. 配颜色(yánsè) : 색깔을 배합하다.
呈现(chéngxiàn) : 나타내다, 나타나다, 양상을 띠다.
俊(jùn) : (용모)수려하다, 아름답다, 뛰어나다. (풍채)좋다, 당당하다. 뛰어난 인물, 준걸, 준재.
朗(lǎng) : 밝다, 환하다. 소리가 맑고 크다. 산뜻하다, 상쾌하다.
帅气(shuàiqi) : 영준하다, 멋지다, 보기좋다, 스마트하다.
→ 俊朗帅气(jùnlǎngshuàiqi) : 아름답고 멋지다.
风格(fēnggé) : 품격, 풍격, 태도나 방법.

번 역 3-3

이외에 유행하는 카키색 · 커피색 · 황갈색은 또한 털옷의 시대적 유행에서 선봉적인 역할을 담당하고 있고, 유행하는 디자인이 받쳐주어서, 털옷은 아름답고 멋진 또 다른 품격을 바로 나타낼 수 있다.

MEMO

본 문 4-1

毛衣在今年绝对不再是中规中矩、千篇一律的。颠覆传统的设计思维，毛衣沾染上了波西米亚、西部牛仔、东亚风情的气息，变得张狂不羁、另类前卫。夸张的流苏、炫目的珠片、性感的镂空，有点歇斯底里，但是无一不是一种对美丽的宣泄。

발음 연습 4-2

máoyī zài jīnnián juéduì búzàishì zhòngguīzhòngjǔ、qiānpiānyílǜ dė。diānfù chuántǒng dė shèjì sīwéi, máoyī zhānrǎn shàng lė bōxīmǐyà、xībù niúzǎi、dōngyà fēngqíng dė qìxī, biàndė zhāngkuángbùjī、lìnglèiqiánwèi。kuāzhāng dė liúsū、xuànmù dė zhūpiàn、xìnggǎn dė lòukōng, yǒudiǎn xiēsīdǐlǐ, dànshì wúyī búshì yìzhǒng duì měilì dė xuānxiè。

단어 정리

不再(búzài) : 이미 …이 아니다, 더는 …아니다. 벌써 …아니다.

中(zhòng) : 맞히다, 합격하다. 맞다, 당하다.

规(guī) : 관례, 규칙. 콤파스.

矩(jǔ) : 법도, 규칙. 곱자.
→ 中规中矩(zhòngguīzhòngjǔ) : 표준적이다, 관례적이다.
规矩(guīju) : 표준, 규칙, 법칙. (행위)단정 · 성실하다. [ju의 성조 변화에 주의]

千篇一律(qiānpiānyílǜ) : 천편일률.

颠覆(diānfù) : 전복하다.

思维(sīwéi) : 사유(하다). 숙고하다.

沾(zhān) : (기풍에)물들다. 젖다, 적시다. 묻다. 닿다, 접촉하다.

沾染(zhānrǎn) : 물들다. 감염 · 오염되다. 정을 통하다, 남녀 관계를 갖다(= 有点儿沾染). (돈에)손대다.

上(shàng) : [동사 뒤에 쓰여 보어 역할을 함] (동작 · 행위가 시작하여 지속됨을 나타냄)
传染上流感 : 유행성 감기에 걸리다. 爱上了她 : 그녀를 좋아하게 되었다.

波西米亚(bōxīmǐyà) = 波希米亚(bōxīmǐyà) : 보헤미아.

牛仔(niúzǎi) : 카우보이. 송아지. 仔(zǎi) : 아이. 새끼. 작은 것.
牛仔裤(niúzǎikù) : 청바지, 진스. 牛仔片(niúzǎipiàn) : 카우보이 영화, 서부 영화.

风情(fēngqíng) : 풍치 · 운치, 풍향 · 풍력의 상황. 남녀의 새롱거리기 · 희롱. 새롱대다, 희롱하다.

气息(qìxī) : (추상적 사물에 쓰임)기운, 숨결, 기백, 정신. 호흡, 숨(결). 냄새, 향기.

张狂(zhāngkuáng) : 경박 · 방종하다.

不羁(bùjī) : 속박 · 구속받지 않다. 비범하다, 뛰어나다.
→ 张狂不羁 : 경쾌하고 자유롭다.
羁(jī) : 말 굴레, 고삐. 구속하다. 머무르다, 기거하다.
放荡(fàngdàng)不羁 : 방탕하여 구속받지 않다.

另(lìng) : 다른, 그 밖의, 이외의. 따로, 달리, 별도로.

类(lèi) : 유사하다, 닮다. …같다. 유, 종류, 같은 부류. 대개, 대체로, 거의.
类乎(lèihu) : …와 닮다, …와 유사하다, …와 가깝다.

前卫(qiánwèi) : 전위(대), 선봉.
→ 另类前卫(lìnglèiqiánwèi) : 거의 전위적이다. 전위와 유사하다.

夸张(kuāzhāng) : 과장하다.

流苏(liúsū) : (가장자리에 꾸밈새로 늘어뜨리는)술, 느림.

炫目(xuànmù) : 눈부시게 하다.

珠(zhū) : 진주. 구슬 알, 방울.
珠宝(zhūbǎo) : 진주 보석류의 장식물. 珠宝商(shāng) : 보석상. 珠宝店(diàn) : 금은보석방.
→ 珠片(zhūpiàn) : 진주 조각.

性感(xìnggǎn) : 성적 매력, 육감. 성감. 富于性感 : 성적 매력이 풍부하다, 섹시하다.
镂空(lòukōng) : 투조(透雕) · 투각(透刻)하다. 镂(lòu) : 조각하다, 아로새기다.
→ 镂空花边(huābiān) : (의복용)레이스
歇斯底里(xiēsīdǐlǐ) = 歇私的里(xiēsīdilǐ) : 히스테리. 히스테리하다.
无一(wúyī)… : 하나도 …인 것이 없다.
宣泄(xuānxiè) : 표현, 노출. 배수하다. 누설되(하)다. (화나 울분)토로하다.
宣(xuān) : 누설하다. 선언 · 발표하다. 선양 · 발양하다, 드높이다.
泄(xiè) : (액체 · 기체)배출하다. (액체 · 기체)새다. 누설되다, 드러나다. (밖으로)발산하다. 토로하다.

번역 4-3

올해 털옷은 절대로 이미 관례적이고 천편일률적인 것이 아니다. 전통적인 디자인의 생각을 뒤집어, 털옷은 보헤미아, 서부 카우보이 그리고 동아시아 풍의 기운에 물들었고, 경쾌하고 자유로우며 거의 전위적으로 변하였다. 과장된 장식 술, 눈부신 진주 조각 그리고 섹시한 레이스는 조금은 히스테리적이지만, 그러나 일종의 아름다움에 대한 표현이 아닌 것이 하나도 없다.

MEMO

MEMO

본문 5-1

当然，毛衣的时装化，使毛衣的时尚化凌驾于它的实用性。设计师似乎不约而同将设计重点集中在领口的变化上，低至小腹的大V领、露出女性香肩的大圆领，同时加入彩色的动物皮毛，足以令毛衣成为流行时尚的生力军。

발음 연습 5-2

dāngrán, máoyī dė shízhuānghuà, shǐ máoyī dė shíshànghuà língjià yú tā dė shíyòngxìng。shèjìshī sìhu bùyuēértóng jiāng shèjì zhòngdiǎn jízhōng zài lǐngkǒu dė biànhuà shang, dī zhì xiǎofù dė dà V lǐng、lòuchu nǚxìng xīangjiān dė dà yuán lǐng, tóngshí jiārù cǎisè dė dòngwù pímáo, zúyǐ lìng máoyī chéngwéi liúxíng shíshàng dė shēnglìjūn。

단어 정리

时装(shízhuāng) : 유행복, 유행 의상, 뉴 패션(new fashion). 그당시의 복장.
→ 时装化 : 유행복화, 패션화. 时装表演(biǎoyǎn) : 패션 쇼. 时装模特儿(mótèr) : 패션 모델.

凌驾(língjià) : (남을)능가하다, 앞지르다, 압도하다.

设计师(shèjìshī) : 설계사, 디자이너. 设计(shèjì) : 설계 · 디자인(하다). 계획 · 구상(하다).

似乎(sìhu) : 마치 (…인 것 같다 · 듯하다).

不约而同(bùyuēértóng) : 약속이나 한 듯이 (행동 · 의견이)일치하다. 约(yuē) : 약속(하다).

重点(zhòngdiǎn) : 중점, 중요한 점, 중시해야 할 점. [부사어로도 사용됨] 중점적으로.

集中(jízhōng) : 집중하다, 모으다. 집중되다, 집결하다, 모이다.

领口(lǐngkǒu) : 옷깃의 둘레, 옷의 목둘레. 옷깃.

低(dī) : 낮다.

小腹(xiǎofù) : 아랫배, = 小肚子(xiǎodùzi).
→ 低至小腹 : 아랫배까지 낮아지다, 즉 아랫배까지 파이다.

大(dà)V领(lǐng) : 큰 V자형 옷깃.

露出(lòuchu) : 노출하다, 나타내다. 露出本相来了 : 본색을 드러내다. 事情露出来了 : 일이 알려졌다.
露出(lùchū) : 드러내다, 노출시키다. 话里露出承认的意思 : 말 속에 승인의 뜻을 나타내다.

香(xīang) : (여자의 아름다움과 관계되는 사물을 지칭할 때 사용하는 말)
香闺(xīangguī) · 香房(xīangfáng) : 여자가 거처하는 방에 대한 아름다운 표현.

肩(jiān) : 어깨. (어깨에)메다. 맡다, 짊어지다.
→ 香肩 : (여자의)예쁜 어깨.

大圆领(dàyuánlǐng) : 큰 원형 옷깃.

皮毛(pímáo) : 모피.

足以(zúyǐ) : 충분히 …할 수 있다. …하기에 족하다.

令(lìng) : …하게 하다. …을 시키다.

流行(liúxíng) : 유행 · 성행(하다). 넓게 퍼지다, 널리 행해지다.

生力军(shēnglìjūn) : 신예부대. 활력소(의 역할을 하는 사람). 生力 : 생명력. 신참, 신병.

번역 5-3

물론 털옷의 패션화는, 털옷의 유행화로 하여금 털옷의 실용성을 능가하도록 만들었다. 디자이너들은 마치 약속이나 한 듯이 디자인의 중점을 옷깃의 변화에 집중하여, 아랫배까지 파인 큰 V자형 옷깃, 여성의 예쁜 어깨를 노출하는 큰 원형 옷깃, 동시에 칼라를 집어넣은 동물 모피 등은 충분히 털옷으로 하여금 유행 풍조의 활력소가 되게 할 수 있다.**

http://news.xinhuanet.com/fashion/2003-11/19/content_1186085.htm

2 사회:
타이완 양성 평등

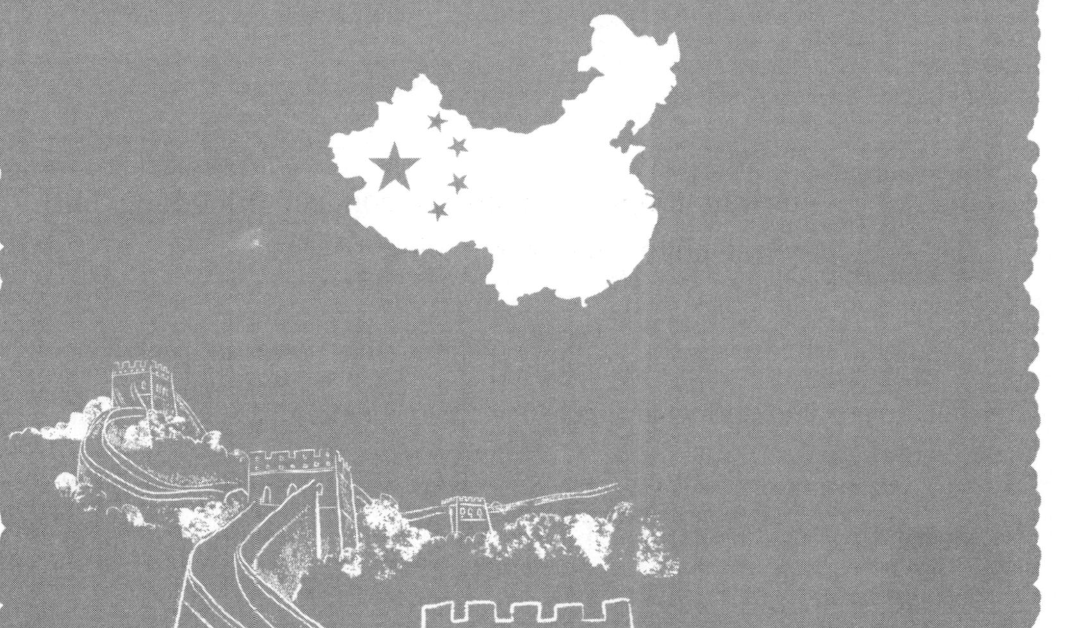

본 문 1-1

台湾通过两性工作平等法例引起各界不同反响:

台湾日前三读通过《两性工作平等法例》，规定受雇者如需养育未满3岁的子女或需亲自照顾家庭，可以向雇主申请“育婴留职停薪”及“家庭照顾假”，女性员工每月也可申请“生理假”。

발음 연습 1-2

táiwān tōngguò liǎngxìng gōngzuò píngděng fǎlì yǐnqǐ gèjiè bùtóng fǎnxiǎng:

táiwān rìqián sāndú tōngguò《liǎngxìng gōngzuò píngděng fǎlì》, guīdìng shòugùzhě rú xū yǎngyù wèimǎn sān suì dė zǐnǚ huò xū qīnzì zhàogù jiātíng, kěyǐ xiàng gùzhǔ shēnqǐng “yùyīng liúzhí tíngxīn” jí “jiātíng zhàogù jià”, nǚxìng yuángōng měiyuè yě kě shēnqǐng “shēnglǐ jià”。

단어 정리

两性(liǎngxìng) : 양성, 남성과 여성, 암수. (사물의)두 가지 성질.

工作(gōngzuò) : 일, 노동, 작업, 업무, 공작. 직업. 일하다, 노동하다.
 工作契约(gōngzuò qìyuē) : 노동 계약. 工作人员(gōngzuò rényuán) : 일꾼, 근무자.
 工作日(gōngzuòrì) : 작업일(수). 工作时间(gōngzuò shíjiān) : 노동 시간, 근무 시간.
 工作台(gōngzuòtái) : 작업대. 工作员(gōngzuòyuán) : 관계자, 종사자, 취급자. 요원, 공작원.
 工作委员会(gōngzuò wěiyuánhuì) : 어떤 일을 수행하기 위해 설치한 위원회.

法龎(fǎlì) : 법례.

引起(yǐnqǐ) : (주의를)야기하다, 끌다. (사건을)일으키다.

反响(fǎnxiǎng) : 반향(하다). 메아리(치다).

日前(rìqián) : 며칠 전, 일전.

三读(sāndú) : 삼독(三讀). 대만에서 법규를 통과시키는 3개 심의 절차이다.
제1 독회(讀會)는 법안의 의제를 낭독하고, 제2 독회는 각 조항에 따라 토론하고 표결하며,
제3 독회는 각 조항의 잘못된 문자를 수정한다. 삼독 이후 행정원에 보내지고 총통이 공포한다.

受雇(shòugù) : 고용되다. → 受雇者(shòugùzhě) : 피고용자.

养育(yǎngyù) : 양육(하다).

需(xū) : 필요로 하다, 요구되다. 需要(xūyào) : 필요(로 하다), 요구(되다), 수요, 욕구.

亲自(qīnzì) : 직접, 몸소, 친히.

照顾(zhàogù) : 돌보다, 보살펴주다. 고려하다, 주의하다.

向(xiàng) : [개사] (행동의 대상을 가리킴)…에게. (동작의 방향을 가리킴)…를 향하여.

雇主(gùzhǔ) : 고용주.

申请(shēnqǐng) : 신청(하다).

育婴(yùyīng) : 육영하다, 아이를 키우다, 육아하다.

留职停薪(liúzhítíngxīn) : 무급 휴직 = 停薪留职(tíngxīnliúzhí). 留职留薪 : 유급 휴직.
留 : 남겨두다, 보류하다. 职 : 직무. 직위. 停 : 멈추다, 중단하다. 薪 : 급료, 급여.

假(jià) : 휴가, 휴일.
假(jiǎ) : 거짓(의). 가짜로. 가정하다. 만약. 빌(리)다.

员工(yuángōng) : 직원, 종업원.

家庭照顾假(jiātíngzhàogùjià) : 가정을 돌보기 위한 휴가 → 가사 휴가.

生理假(shēnglǐjià) : 생리 휴가.

번역 1-3 타이완은 〈양성 노동 평등 법례〉를 통과하여 각계의 상이한 반향을 야기하다:

피고용자가 만약 3세 미만의 자녀를 양육할 필요가 있거나 혹은 직접 가사를 돌볼 필요가 있으면, 고용주에게 "육아 무급 휴직"과 "가사 휴가"를 신청할 수 있고, 또한 여성 직원은 매월 "생리 휴가"를 신청할 수 있다고 규정하는 〈양성 노동 평등 법례〉를, 타이완은 며칠 전에 삼독 통과시켰다.

본문 2-1

法例规定，申请“育婴留职停薪”的最长期限为两年，“家庭照顾假”每年以7天为限，“生理假”每月一日。

将于明年3月8日起实施的这项法例规定，自法例实施日起，所有工作规则、劳动契约或团体契约不得规定或事先约定，当受雇者结婚、怀孕、分娩或育儿时，应离职或留职停薪，也不得以此作为解雇员工的理由。

발음 연습 2-2

fǎlì guīdìng, shēnqǐng “yùyīng liúzhí tíngxīn” dė zuìcháng qīxiàn wéi liǎngnián, “jiātíng zhàogù jià” měinián yǐ qī tiān wéixiàn, “shēnglǐ jià” měiyuè yí rì。

jiāng yú míngnián sān yuè bā rì qǐ shíshī dė zhèxiàng fǎlì guīdìng, zì fǎlì shíshīrì qǐ, suǒyǒu gōngzuò guīzé、láodòng qìyuē huò tuántǐ qìyuē bùdé guīdìng huò shìxiān yuēdìng, dāng shòugùzhě jiéhūn、huáiyùn、fēnmiǎn huò yùér shí, yīng lízhí huò liúzhí tíngxīn, yě bùdé yǐ cǐ zuòwéi jiěgù yuángōng dė lǐyóu。

단어 정리

为限(wéixiàn) : 기한으로 하다(삼다). …을 한도로 삼다, …으로 한정하다.

将(jiāng) : [부] 장차, 곧.

于(yú) : [개사] (시간이나 장소를 나타냄)…에. …에서. (방향이나 대상을 나타냄)…에게.

自(zì)…起(qǐ) : …부터.
自 : [개사] …에서(부터). 起 : [동] 시작하다. (주로 自, 从, 由, 打 등과 함께 쓰임)

所有(suǒyǒu) : 모든. 소유(하다).

工作规则(gōngzuò guīzé) : 근무 규칙.

不得(bùdé) : (…해서는) 안 된다. 할 수가 없다.

事先(shìxiān) : 사전(에).

约定(yuēdìng) : 약정(하다), 약속(하다).

当(dāng) : [개사] (바로 그 시간이나 그 장소를 가리킬 때 쓰임) 当学习的时候 : 학습할 때.

怀孕(huáiyùn) : 임신하다.

分娩(fēnmiǎn) : 낳다, 분만 · 출산하다.

育儿(yùér) : 아이를 키우다, 육아하다. 儿(ér) : 아이, 아동, 유아. 아들, 사내아이.

离职(lízhí) : 사직하다.

以(yǐ)… : [개사] …로(써), …를 가지고, …를 근거로.

作为(zuòwéi)… : [동사] …로 삼다, …로 여기다, …로 간주하다.

解雇(jiěgù) : 해고하다.

번 역 2-3

법례는 "육아 무급 휴직"의 최장 기한을 2년으로 하고, "가사 휴가"는 1년에 7일로 한정하며, "생리 휴가"는 한 달에 1일을 신청한다고 규정한다.

내년 3월 8일부터 장차 실시할 이 법례는, 법례 실시 일자로부터 모든 근무 규칙, 노동 계약 혹은 단체 계약은 피고용자가 결혼 · 임신 · 분만 혹은 육아의 경우에 반드시 사직하거나 무급 휴직해야 하는 것을 규정하거나 사전에 약정할 수 없으며, 또한 이로써 직원을 해고하는 이유로 삼을 수 없다고 규정한다.

본 문 3-1

此项法例在岛内各界引起不同反响。台湾妇女新知基金会发表声明指出，法例的通过是"迟来的社会正义"，有助于实现两性平等和保障女性的工作权益。

발음 연습 3-2

cǐxiàng fǎlì zài dǎonèi gèjiè yǐnqǐ bùtóng fǎnxiǎng。táiwān fùnǚ xīnzhī jījīnhuì fābiǎo shēngmíng zhǐchū, fǎlì dė tōngguò shì "chílái dė shèhuì zhèngyì", yǒuzhùyú shíxiàn liǎngxìng píngděng hé bǎozhàng nǚxìng dė gōngzuò quányì。

단어 정리

项(xiàng) : [양사] 항, 조목, 조항, 가지.

基金会(jījīnhuì) : 기금회.

指出(zhǐchū) : 지적하다, 가리키다.

迟(chí) : [형] 늦다. 不迟到, 不早退 : 지각도 하지 않고, 조퇴도 하지 않다.

有助于(yǒuzhùyú) : …에 도움이 되다, …에 유용하다.

权益(quányì) : 권익, 권리와 이익.

번 역 3-3

이 법례는 타이완 섬 내부 각계에서 상이한 반향을 야기한다. '타이완 부녀 신지 기금회'는 성명을 발표하여, 법례의 통과는 "늦게 온 사회 정의"이며, 양성 평등을 실현하고 여성의 노동 권익을 보장하는 데 도움이 된다고 지적한다.

MEMO

본 문 4-1

而部分大型企业、传统产业和中小企业则持保留态度，认为法例将导致企业的经营成本上升， 在目前岛内经济不景气的情况下，企业难以承受相应的损失。主管部门和许多女性劳工则担心，企业主今后会排斥使用女性员工，从而剥夺女性的工作机会。

발음 연습 4-2

ér bùfēn dàxíng qǐyè、chuántǒng chǎnyè hé zhōngxiǎo qǐyè zé chí bǎoliú tàidù, rènwéi fǎlì jiāng dǎozhì qǐyè dė jīngyíng chéngběn shàngshēng, zài mùqián dǎonèi jīngjì bùjǐngqì dė qíngkuàng xià, qǐyè nányǐ chéngshòu xiāngyìng dė sǔnshī。zhǔguǎn bùmén hé xǔduō nǚxìng láogōng zé dānxīn, qǐyèzhǔ jīnhòu huì páichì shǐyòng nǚxìng yuángōng, cóngér bōduó nǚxìng dė gōngzuò jīhuì。

단어 정리

而(ér) : [접사] (같은 종류의 단어 혹은 문장을 접속하여, 순접 혹은 역접 관계를 나타냄) 그러나.

则(zé) : [부사] (대비, 역접을 표시함) 오히려, 도리어, 그러나. = 却(què).

持(chí) : 끝까지 지키다, 견지 · 지속하다. 가지다.

保留(bǎoliú) : 찬성하지 않다, 이의가 있다. 보존 · 보류하다.
→ 持保留态度 : 찬성하지 않는 태도를 취하다.

认为(rènwéi) : 여기다, 생각하다, 인정하다. 생각, 의견, 견해.

导致(dǎozhì) : 야기하다, 초래하다.

成本(chéngběn) : 원가, 생산비.

上升(shàngshēng) : 상승하다, 올라가다. 향상 · 증가하다.

不景气(bùjǐngqì) : 불경기.

难以(nányǐ) : [뒤에 두 음절 동사를 수반함] …하기 어렵다(곤란하다).

承受(chéngshòu) : 감당하다, 이겨내다. 이어받다, 계승하다.

相应(xiāngyìng) : 상응하다, 호응하다. 相应(xiāngyīng) : [조동] 응당 (마땅히) …해야 한다.

损失(sǔnshī) : 손실(하다), 손해(보다).

主管(zhǔguǎn) : 주관하다, 관할하다. 주관자.

部门(bùmén) : 부서(部署), 부문, 분과, 부(部).

劳工(láogōng) : 노동자. 노동, 노역.

担心(dānxīn) : 염려 · 걱정하다.

企业主(qǐyèzhǔ) : 기업주.

今后(jīnhòu) : 이후, 금후, 앞으로, 지금, 이제로부터.

排斥(páichì) : 배척 · 배격하다, 반격하다.
→ 排斥使用女性员工 : 여성 직원을 사용하는 것을 배척하다 → 여성 직원의 채용을 배척하다.

从而(cóngér) : [접속사] 따라서, 그리하여, …함으로써.

剥夺(bōduó) : 박탈하다, 빼앗다.

번 역 4-3

그러나 일부분의 대형 기업 · 전통 산업과 중소기업은 오히려 찬성하지 않는 태도를 취하며, 법례는 장차 기업의 경영 원가 상승을 초래하여, 현재 섬 내 경제 불경기의 상황 하에서, 기업은 상응하는 손실을 이겨내기 어려울 것이라고 생각한다. 주관 부서와 많은 여성 노동자는 기업주가 이후 여성 직원의 채용을 배척하고, 그리하여 여성의 노동 기회를 박탈할 수 있다고 오히려 걱정한다.

본 문 5-1

1987年6月，台北孙中山纪念馆以“因工作需要”为借口，集体解雇了57位女性员工。为此，一些妇女团体遂起草了≪男女工作平等法草案≫，并于1989年3月举行了首次公听会。

발음 연습 5-2

yī jiǔ bā qī nián liù yuè, táiběi Sūn Zhōngshān jìniànguǎn yǐ “yīn gōngzuò xūyào” wéi jièkǒu, jítǐ jiěgù lė wǔshí qī wèi nǚxìng yuángōng。wèicǐ, yìxiē fùnǚ tuántǐ suì qǐcǎo lė ≪nánnǚ gōngzuò píngděng fǎ cǎoàn≫, bìng yú yī jiǔ bā jiǔ nián sān yuè jǔxíng lė shǒucì gōngtīnghuì。

단어 정리

以(yǐ)A 为(wéi)B : A를 B로 여기다, 삼는다.

因(yīn) : [접속사] … 때문에, …으로 인하여, …한 까닭으로. 因A 而B : A 때문에 B하다.
→ 因工作需要 : 업무의 필요 때문에, 업무의 필요로 인하여.

借口(jièkǒu) : 구실(로 삼다), 핑계(로 삼다), 빙자하다.

集体(jítǐ) : 집단, 단체.

为此(wèicǐ) : 이 때문에, 그런 까닭에. 为(wèi) : [개사] … 때문에, … 까닭으로.

遂(suì) : [부] 마침내, 결국. 곧, 즉시, 그리하여.

起草(qǐcǎo) : 기초하다, 초안을 잡다.

草案(cǎoàn) : 초안.

举行(jǔxíng) : 거행 · 개최 · 실시하다.

公听会(gōngtīnghuì) : 공청회.

번역 5-3

1987년 6월에 타이뻬이 '손중산기념관'은 "업무의 필요 때문"을 구실로 삼아, 57명의 여성 직원을 집단적으로 해고하였다. 이 때문에, 일부 부녀단체는 마침내 〈남녀 노동 평등법 초안〉을 기초하였고, 또한 1989년 3월에 최초의 공청회를 거행하였다.

MEMO

본 문 6-1

据台湾有关部门调查，去年台湾女性员工因生育而离职者达84.1万人，与上年的70万人相比，呈递增趋势。调查还发现，台湾每5位新婚女性中，就有1位因生育而离职。

발음 연습 6-2

jù táiwān yǒuguān bùmén diàochá, qùnián táiwān nǚxìng yuángōng yīn shēngyù ér lízhízhě dá bāshí sì wàn yī qiān rén, yǔ shàngnián dė qīshí wàn rén xiāngbǐ, chéng dìzēng qūshì。diàochá hái fāxiàn, táiwān měi wǔ wèi xīnhūn nǚxìng zhōng, jiù yǒu yī wèi yīn shēngyù ér lízhí。

단어 정리

据(jù) : [개사] …에 따르면, …에 의거하여.

有关(yǒuguān) : 관계가 있다. …와 연관되다, …와 관련되다.
→ 有关部门(yǒuguānbùmén) : 관련 부서.

调查(diàochá) : 조사(하다).

生育(shēngyù) : 출산(하다).
→ 因生育而离职 : 출산 때문에 사직하다.

上年(shàngnián) : 앞의 해, 그 해의 전년. (여기서는 작년 앞의 해, 즉 재작년)
与(yǔ)A相比(xiāngbǐ) : A와 비교하다.
呈(chéng) : 나타내다, 드러내다. 드리다, 바치다. 呈递(chéngdì) : 삼가 제출하다, 봉정하다.
递增(dìzēng) : 점차 늘다, 체증하다. 递(dì) : 차츰차츰, 순서대로.
趋势(qūshì) : 추세, 경향.
有(yǒu) : 있다.[존재를 나타냄]. 这儿有九个人 : 여기에는 9사람이 있다.
→ 有一位因生育而离职 : 출산 때문에 사직하는 한 명이 있다. 한 명이 출산 때문에 사직하다.

번역 6-3

타이완 관련 부서의 조사에 따르면, 작년 타이완 여성 직원이 출산 때문에 사직한 자는 84만 1천 명에 달하였고, 재작년의 70만 명과 비교하면, 점차 증가하는 경향을 나타내었다. 조사는 또한 타이완의 신혼 여성 5명 중에 한 명이 바로 출산으로 인해 사직한다고 발견하였다.**

http://news.xinhuanet.com/china/2001-12/23/content_207303.htm

MEMO

3 경제:
외자 금융 기금

본문 1-1 《外资金融机构驻华代表机构管理办法》发布:

为适应对外开放和经济发展的需要，加强对外资金融机构驻华代表机构的管理，根据《中华人民共和国外资金融机构管理条例》的有关规定，中国人民银行制定并发布《外资金融机构驻华代表机构管理办法》(以下简称《办法》)。

발음 연습 1-2 〈wàizī jīnróng jīgòu zhùhuá dàibiǎo jīgòu guǎnlǐ bànfǎ〉 fābù:

wèi shìyìng duìwài kāifàng hé jīngjì fāzhǎn dė xūyào, jiāqiáng duì wàizī jīnróng jīgòu zhùhuá dàibiǎo jīgòu dė guǎnlǐ, gēnjù 〈zōnghuá rénmín gònghéguó wàizī hjīnróng jīgòu guǎnlǐ tiáolì〉 dė yǒuguān guīdìng, zhōngguó rénmín yínháng zhìdìng bìng fābù 〈wàizī jīnróng jīgòu zhùhuá dàibiǎo jīgòu guǎnlǐ bànfǎ〉 (yǐxià jiǎnchēng 〈bànfǎ〉)。

단어 정리

机构(jīgòu) : 기구. 기관 · 단체 등의 사업 단위. 기관 · 단체 등의 내부 조직.
　机关(jīguān) : 기관. 공공 사무를 처리하는 조직이나 단체.

驻(zhù) : 주재 · 주둔하다, 머무르다.

→ 驻华(zhùhuá) : 중국에 주재하다. 주중(駐中).

办法(bànfǎ) : 방법.

为(wèi) : [개사]…을 하기 위하여. …을 위하여. …을 향하여.

适应(shìyìng) : [명, 동] 적응(하다). [형] 적합하다, 적당하다, 알맞다.

对(duì) : [개사]…에 대하여, …에 관하여. …을 향하여, …에게.

加强(jiāqiáng) : 강화하다, 보강하다. 加强团结 : 단결을 강화하다.

条例(tiáolì) : 조례. 규정. 조항.

有关(yǒuguān) : 관계가 있다. …와 연관되다, …와 관련되다.
→ 有关规定 : 관련 규정.

发布(fābù) : 선포하다, 발포하다.

简称(jiǎnchēng) : 약칭(하다).

번역 1-3 〈외자금융기구 주중대표기구 관리 방법〉의 발표

대외개방과 경제발전의 수요에 적응하고, 외자금융기구의 주중대표기구에 대한 관리를 강화하기 위해서, 〈중화인민공화국 외자금융기구 관리 조례〉의 관련 규정에 의거하여, 중국인민은행은 〈외자금융기구 주중대표기구 관리 방법〉(이하 〈방법〉으로 약칭)을 제정하여 발포하였다.

MEMO

본 문 2-1

《办法》共六章，分别就外资金融机构驻华代表机构的申请与设立、监督管理、终止和违规罚则等方面进行了规定。《办法》中所称外资金融机构，包括外国金融机构和在中国境内注册设立的外资金融机构。

발음 연습 2-2

〈bànfǎ〉 gòng liùzhāng, fēnbié jiù wàizī jīnróng jīgòu zhùhuá dàibiǎo jīgòu dė shēnqǐng yǔ shèlì · jiāndū guǎnlǐ · zhōngzhǐ hé wéiguī fázé děng fāngmiàn jìnxíng lė guīdìng。〈bànfǎ〉 zhōng suǒchēng wàizī jīnróng jīgòu, baōkuò wàiguó jīnróng jīgòu hé zài zhōngguó jìngnèi zhùcè shèlì dė wàizī jīnróng jīgòu。

단어 정리

共(gòng) : [부] 전부, 모두, 도합. [동] 함께 (같이)하다, 공유하다.

分别(fēnbié) : 각각, 따로따로. 이별하다. 구별하다. 차별.

就(jiù) : [개사]…에 대하여, …에 관하여, …에 의하면.

违规(wéiguī) : 규정을 어기다 · 위반하다.

罚则(fázé) : 벌칙.

进行(jìnxíng) : (어떤 활동을)하다, 진행하다. 进行教育和批评 : 교육과 비평을 행하다.
→ 进行了规定 : 규정을 진행하였다. 규정하였다.

所(suǒ) : [조] 1) 수식어로 쓰이는 주술구조의 동사 앞에 쓰여, 명사를 수식함.
我所认识的人 : 내가 아는 사람.
2) (주로 단음절) 동사 앞에 쓰여, 그 동사와 함께 명사적 성분이 됨.
各尽所能 : 각각 자기 능력을 다하다. 尽 : 다하다.
无所不为 : 하지 않는 바가 없다. 无 : 없다.
→ 〈办法〉中所称外资金融机构 : 〈방법〉 중에서 칭하는 외자금융기구.
所称(suǒchēng) : 칭하는, 부르는.

境内(jìngnèi) : 국경 내부, 국내, 경내.

注册(zhùcè) : (관련 기관에)등기 · 등록(하다).
注册费(fèi) : 등록비. 注册商标(shāngbiāo) : 등록 상표.

번 역 2-3

〈방법〉은 모두 6장으로, 각각 외자금융기구 주중대표기구의 신청과 설립, 감독 관리, 종료와 규정위반 벌칙 등 방면에 대하여 규정을 하였다. 〈방법〉 중에서 칭하는 외자금융기구는, 외국금융기구와 중국 경내에서 등록 설립한 외자금융기구를 포함한다.

MEMO

본문 3-1

《办法》 规定, 代表机构必须遵守中华人民共和国法律、法规, 其合法权益受中华人民共和国法律保护。外国金融机构申请设立代表处, 应当具备 《办法》 规定的具体条件 ; 申请人应向拟设机构所在地中国人民银行分支机构领取申请表, 并将填写好的申请表附有关资料提交拟设机构所在地中国人民银行分支机构。

발음 연습 3-2

〈bànfǎ〉 guīdìng, dàibiǎo jīgòu bìxū zūnshǒu zhōnghuá rénmín gònghéguó fǎlǜ · fǎguī, qí héfǎ quányì shòu zhōnghuá rénmín gònghéguó fǎlǜ bǎohù。wàiguó jīnróng jīgòu shēnqǐng shèlì dàibiǎochù, yīngdāng jùbèi 〈bànfǎ〉 guīdìng dė jùtǐ tiáojiàn ; shēnqǐngrén yīng xiàng nǐ shè jīgòu suǒzàidì zhōngguó rénmín yínháng fēnzhī jīgòu lǐngqǔ shēnqǐngbiǎo, bìng jiāng tiánxiě hǎo dė shēnqǐngbiǎo fù yǒuguān zīliào tíjiāo nǐ shè jīgòu suǒzàidì zhōngguó rénmín yínháng fēnzhī jīgòu。

단어 정리

受(shòu) : 받다, 받아들이다. 自作(zìzuò)自受(zìshòu) : 자업자득. 受教育 : 교육을 받다.
(고통 · 손해 · 불운을)받다, 당하다, 입다. 受虐(shòunüè) : 학대받다.
참다, 견디다. 疼得(téngde)受不了(shòubuliǎo) : 아파서 참을(견딜) 수 없다.
→ 受…保护(bǎohù) : … 보호를 받다.

代表处(dàibiǎochù) : 대표처. 处(chù) : 처. 기관이나 기구 · 단체 안의 조직 단위.

向(xiàng) : [개사] [행동의 대상을 가리킴] …에게. [동작의 방향을 가리킴] …를 향하여.

拟(nǐ) : …하려고 하다. …할 예정이다. 계획 · 설계하다. 모방하다.

设(shè) : 세우다, 차리다, 두다, 배치하다.
→ 拟设 : 설립하려고 하다, 설립할 예정이다. 설립예정.

所在(suǒzài) : 장소, 곳. 소재, 존재하는 곳.
→ 所在地(suǒzàidì) : 소재지. 所在多有 : 어디에나 많이 있다.

分支(fēnzhī) : 지점. 분점. 분과. 분파.

领取(lǐngqǔ) : (발급한 것을)수령하다, 받다. 领取奖学金(jiǎngxuéjīn) : 장학금을 받다.

将(jiāng) : [개사]…을. …으로써.

填写(tiánxiě) : 써넣다, 기입하다.

好(hǎo) : [동사 뒤에 쓰여, 완성이나 잘 마무리되었음을 나타냄] 잘 ~. 다 ~.
坐好吧 : 제대로 잘 앉아라. 准备好了 : 준비가 다 되었다.

附(fù) : 동봉하다. 첨부하다.

提交(tíjiāo) : 제출하다, 제기하다, 회부(回附)하다.

번역 3-3

〈방법〉은, 대표기구는 중화인민공화국의 법률과 법규를 반드시 준수해야하고, 그 합법적 권익은 중화인민공화국의 법률적 보호를 받는다라고 규정하였다. 외국 금융기구의 대표처 설립의 신청은 〈방법〉이 규정하는 구체적 조건을 반드시 구비해야 한다. 신청인은 반드시 기구 설립예정 소재지의 중국인민은행 지점기구에서 신청서를 받고, 또한 작성한 신청서를 관련 자료와 첨부하여 기구 설치예정 소재지의 중국인민은행 지점기구에 제출해야 한다.

본문 4-1

中国人民银行分支机构对外资金融机构提交的申请资料初审后，报中国人民银行总行审查批准。在中国境内已设立5个或5个以上分支机构的外国金融机构，可申请设立总代表处。 总代表处总代表以及代表处首席代表的任职资格适用核准制。

발음 연습 4-2

zhōngguó rénmín yínháng fēnzhī jīgòu duì wàizī jīnróng jīgòu tíjiāo dė shēnqǐng zīliào chūshěn hòu, bào zhōngguó rénmín yínháng zǒngháng shěnchá pīzhǔn。 zài zhōngguó jìngnèi yǐ shèlì wǔgė huò wǔgė yǐshàng fēnzhī jīgòu dė wàiguó jīnróng jīgòu, kě shēnqǐng shèlì zǒngdàibiǎochù。 zǒngdàibiǎochù zǒngdàibiǎo yǐjí dàibiǎochù shǒuxí dàibiǎo dė rènzhí zīgé shìyòng hézhǔnzhì。

단어 정리

初审(chūshěn) : 초심, 일차 심의.

报(bào) : 보고하다. 报上级批准 : 상급에 보고하여 허가를 얻다.

总行(zǒngháng) : 본점. 分行 : 분점, 지점.

审查(shěnchá) : 심의 · 심사하다.

批准(pīzhǔn) : (하급에 대하여)허가하다. (조약을)비준하다.

任职(rènzhí) : 직무를 맡다, 재직하다.

适用(shìyòng) : [동] 적용하다 · 되다. [형] 사용에 적합하다.

核准(hézhǔn) : 심사 허가(비준)하다. 核准制 : 심사 허가(비준) 제도.

번역 4-3

중국인민은행 지점기구는 외자금융기구가 제출한 신청 자료에 대하여 일차 심의한 이후, 중국인민은행 본점에 보고하여 심의와 허가를 받는다. 중국 경내에 이미 5개 혹은 5개 이상의 지점기구를 설립한 외국금융기구는, 총대표처의 설립을 신청할 수 있다. 총대표처 총대표와 대표처 수석대표의 재직 자격은 심사 허가 제도를 적용한다.

MEMO

본 문 5-1

中国人民银行总行负责核准或取消总代表处总代表、代表处首席代表的任职资格。《办法》规定了担任总代表处总代表、代表处首席代表应具备的具体条件。经批准设立的代表机构，由中国人民银行总行颁发批准证书，有效驻在期限为6年。

발음 연습 5-2

zhōngguó rénmín yínháng zǒngháng fùzé hézhǔn huò qǔxiāo zǒngdàibiǎochù zǒngdàibiǎo · dàibiǎochù shǒuxí dàibiǎo dė rènzhí zīgé。〈bànfǎ〉 guīdìng lė dānrèn zǒngdàibiǎochù zǒngdàibiǎo · dàibiǎochù shǒuxí dàibiǎo yīng jùbèi dė jùtǐ tiáojiàn。jīng pīzhǔn shèlì dė dàibiǎo jīgòu, yóu zhōngguó rénmín yínháng zǒngháng bānfā pīzhǔnzhèngshū, yǒuxiào zhùzài qīxiàn wéi liùnián。

단어 정리

负责(fùzé) : 책임을 지다, 책임이 있다. 보장 · 담보하다.

担任(dānrèn) : 담당 · 담임하다, 맡다. 担任组长 : 조장을 맡다.

经(jīng) : [동] 통과 · 경과하다. [개사] 거치다, 통하다.

由(yóu) : [개사] [동작의 주체를 나타냄] …이.

批准证书(pīzhǔn zhèngshū) : 허가증

颁发(bānfā) : 발급하다. (법령 등) 발포하다. (훈장 등) 수여하다.

有效(yǒuxiào) : 유효하다, 효력이 있다.

번역 5-3

중국인민은행 본점은 총대표처 총대표와 대표처 수석대표의 재직 자격을 심사 허가하거나 취소하는 것을 책임진다. 〈방법〉은 총대표처 총대표와 대표처 수석대표을 담당하며 반드시 구비해야 하는 구체적 조건을 규정하였다. 허가를 통해 설립한 대표기구는, 중국인민은행 본점이 허가증을 발급하고, 유효 주재 기한이 6년이다.**

http://news.xinhuanet.com/zhengfu/2002-06/27/content_460190.htm

MEMO

4 정치:
중국현대사 약술

China

본문 1-1 中华人民共和国历史概述:

1949年10月1日，北京三十万群众汇集天安门广场举行开国大典，中央人民政府主席毛泽东庄严宣告：中华人民共和国正式成立。

建国之初，中国政府成功地在占全国农业人口总数90%以上的地区完成了土地改革，三亿农民分得了约4700万公顷的土地。

발음 연습 1-2 zhōnghuá rénmín gònghéguó lìshǐ gàishù:

yī jiǔ sì jiǔ nián shí yuè yī rì, běijīng sān shí wàn qúnzhòng huìjí Tiānānmén guǎngchǎng jǔxíng kāiguó dàdiǎn, zhōngyāng rénmín zhèngfǔ zhǔxí Máo Zédōng zhuāngyán xuāngào: zhōnghuá rénmín gònghéguó zhèngshì chénglì。

jiànguó zhī chū, zhōngguó zhèngfǔ chénggōng di zài zhàn quánguó nóngyè rénkǒu zǒngshù bǎi fēn zhī jiǔ shí yǐshàng dė dìqū wánchéng lė tǔdì gǎigé, sān yì nóngmín fēndé lė yuē sì qiān qī bǎi wàn gōngqǐng dė tǔdì。

단어 정리

概述(gàishù) : 개술(하다), 개설(하다).

汇集(huìjí) : 모이다, 집중하다. 모으다, 집중시키다.

大典((dàdiǎn) : 큰 제전, 큰 의식, 성전(盛典 : 성대한 의식).

庄严(zhuāngyán) : (태도 · 분위기가)엄숙하다, 장엄하다.

占(zhàn) : 차지 · 점령 · 점거하다. (어떤 지위나 상황에)처하다, 차지하다. 占(zhān) : 점치다.

分得(fēndé) : 나누어 받다. 분배하여 자기 몫을 받다.

公顷(gōngqǐng) : 헥타아르 hectare.

번 역 1-3 중화인민공화국 역사 개설:

1949년 10월 1일 북경 30만 군중이 천안문 광장에 모여 성대한 개국 의식을 거행하고, 중앙인민정부 주석 마오 저 뚱(毛泽东, Mao Zedong)은 '중화인민공화국의 정식 수립'을 엄숙히 선포하였다.

건국 초기에, 중국 정부는 전국 농업 인구 총수 90% 이상을 점하는 지역에서 토지개혁을 성공적으로 완성하고, 3억 농민은 약 4,700만 헥타아르의 토지를 분배 받았다.

MEMO

본문 2-1

1953年至1957年实施的第一个五年计划取得巨大成就：国民收入年均增长率达8.9%以上 ；建立起一批国家工业化所必需而过去没有的基础工业，包括飞机和汽车制造业、重型和精密机器制造业、发电设备制造业、冶金和矿山设备制造业以及高级合金钢和有色金属冶炼等。

발음 연습 2-2

yī jiǔ wǔ sān nián zhì yī jiǔ wǔ qī nián shíshī dė dìyīgė wǔ nián jìhuà qǔdé jùdà chéngjiù ： guómín shōurù niánjūn zēngzhǎnglǜ dá bǎi fēn zhī bā diǎn jiǔ yǐshàng ; jiànlì qǐ yìpī guójiā gōngyèhuà suǒ bìxū ér guòqù méiyǒu dė jīchǔ gōngyè, baōkuò fēijī hé qìchē zhìzàoyè、zhòngxíng hé jīngmì jīqì zhìzàoyè、fādiàn shèbèi zhìzàoyè、yějīn hé kuàngshān shèbèi zhìzàoyè yǐjí gāojí héjīngāng hé yǒusè jīnshǔ yěliàn děng。

단어 정리

第一个五年计划(dìyīge wǔnián jìhuà) : 제1차 5개년 계획.
取得(qǔdé) : 취득 · 획득하다, 얻다.
年均(niánjūn) : 연평균, 한해 평균.
增长(zēngzhǎng) : 증가 · 신장하다. 늘어나다. 높아지다. 增长率(zēngzhǎnglǜ) : 증가율.
起(qǐ) : [다른 동사 뒤에 붙어 동작의 개시를 나타내는 보어 역할] (…하기)시작하다.
一批(yìpī) : 한 더미, 한 무더기, 한 무리, 한 떼, 한패, 일군. → 여러, 많은.
必需(bìxū) : 꼭 필요로 하다, 필수적이다.
重型(zhòngxíng) : (기계 · 무기 등)중형(重型), 대형, 중량급.
冶金(yějīn) : 야금(하다). 돈 버는 방법, 재산을 이루는 방법.
合金钢(héjīngāng) : 합금강.
有色金属(yǒusèjīnshǔ) : 비철금속.
冶炼(yěliàn) : 제련 · 용해하다.

번역 2-3

1953년에서 1957년까지 실시한 제1차 5개년 계획은 거대한 성과를 취득하였다. 즉 국민수입 연평균 증가율이 8.9% 이상에 달하였고, 또한 비행기와 자동차 제조업, 대형과 정밀 기기 제조업, 발전 설비 제조업, 야금과 광산 설비 제조업 그리고 고급 합금강과 비철금속 제련 등을 포함하는 국가 공업화에 필수적이나 과거에 없었던 여러 기초공업들을 수립하기 시작하였다.

MEMO

본문 3-1

从1957年到1966年，是中国开展大规模社会主义建设时期。以1966年同1956年相比，全国工业固定资产按原价计算增长3倍，国民收入按可比价格计算增长58%；主要工业产品的产量都有几倍乃至十几倍的增长；农业基本建设和技术改造大规模展开。1966年5月至1976年10月是“文化大革命”的十年，国家和人民遭受了建国以来最严重的挫折和损失。

발음 연습 3-2

cóng yī jiǔ wǔ qī nián dào yī jiǔ liù liù nián, shì zhōngguó kāizhǎn dàguīmó shèhuìzhǔyì jiànshè shíqī。yǐ yī jiǔ liù liù nián tóng yī jiǔ wǔ liù nián xiāngbǐ, quánguó gōngyè gùdìng zīchǎn àn yuánjià jìsuàn zēngzhǎng sān bèi, guómín shōurù àn kěbǐ jiàgé jìsuàn zēngzhǎng bǎi fēn zhī wǔ shí bā；zhǔyào gōngyè chǎnpǐn dė chǎnliàng dōu yǒu jǐ bèi nǎizhì shí jǐ bèi dė zēngzhǎng；nóngyè jīběn jiànshè hé jìshù gǎizào dàguīmó zhǎnkāi。yī jiǔ liù liù nián wǔ yuè zhì yī jiǔ qī liù nián shí yuè shì “wénhuà dàgémìng” dė shí nián, guójiā hé rénmín zāoshòu lė jiànguó yǐlái zuì yánzhòng dė cuòzhé hé sǔnshī。

단어 정리

开展(kāizhǎn) : (점차로 크게)넓히다, 확대 · 전개하다, 벌리다, 펼치다. 전개, 발전. 낙관적이다, 쾌활하다.
以(yǐ) : [개사] …(으)로(써), …을 가지고, …을 근거로.
同(tóng) : [개사] …와(과), 와(과) 함께.
相比(xiāngbǐ) : 비교하다.
→ 以1966年同1956年相比 : 1966년을 (근거로) 1956년과 비교하다.
固定资产(gùdìngzīchǎn) : 고정 자산.
按(àn) : [개사] …에 따라서. …에 의해서. …에 비추어. …대로.
原价(yuánjià) : 원가. 매입 가격. 정가(定价).
可比价格(kěbǐjiàgé) : 불변가격.
产量(chǎnliàng) : 생산량.
展开(zhǎnkāi) : 펴다, 펼치다, 넓히다, 벌리다. 전개하다.
遭受(zāoshòu) : 받다. (불행 혹 손해를)만나다, 입다, 당하다.
严重(yánzhòng) : 중대하다. 심각하다. 모질다.
挫折(cuòzhé) : 좌절 · 패배시키다. 좌절 · 패배 · 실패(하다).
损失(sǔnshī) : 손실(하다), 손해(보다).

번 역 3-3

1957년부터 1966년까지는 중국이 대규모의 사회주의 건설을 전개한 시기이다. 1966년을 1956년과 비교하면, 전국 공업 고정자산은 원가에 따라 계산하면 3배 증가하였고, 국민수입은 불변가격에 따라 계산하면 58% 증가하였으며, 또한 주요 공업 생산품의 생산량도 몇 배에서 십여 배의 증가가 있었고, 그리고 농업 기본 건설과 기술 개조가 대규모로 전개되었다. 1966년 5월부터 1976년 10월까지는 '문화대혁명'의 10년으로, 국가와 국민이 건국 이래로 가장 모진 좌절과 손실을 당하였다.

본 문 4-1

1976年10月，江青反革命集团被粉碎，“文化大革命”结束，中国进入新的历史时期。原中共总书记邓小平重新复出，自1979年起推行“改革开放”政策，把工作重点放到现代化建设上。通过改革经济体制、政治体制，逐步确立了一条具有中国特色的社会主义现代化建设道路。改革开放以来，中国的面貌发生了深刻变化，经济突飞猛进，人民生活水平显著提高，是建国后形势最好的时期。

발음 연습 4-2

yī jiǔ qī liù nián shí yuè, Jiāng Qīng fǎn gémìng jítuán bèi fěnsuì, “wénhuà dàgémìng” jiéshù, zhōngguó jìnrù xīn dė lìshǐ shíqī。yuán zhōnggòng zǒngshūjì Dèng Xiǎopíng chóngxīn fùchū, zì yī jiǔ qī jiǔ nián qǐ tuīxíng “gǎigé kāifàng” zhèngcè, bǎ gōngzuò zhòngdiǎn fàng dào xiàndàihuà jiànshè shang。tōngguò gǎigé jīngjì tǐzhì、zhèngzhì tǐzhì, zhúbù quèlì lė yìtiáo jùyǒu zhōngguó tèsè dė shèhuìzhǔyì xiàndàihuà jiànshè dàolù。gǎigé kāifàng yǐlái, zhōngguó dė miànmào fāshēng lė shēnkè biànhuà, jīngjì tūfēiměngjìn, rénmín shēnghuó shuǐpíng xiǎnzhù tígāo, shì jiànguó hòu xíngshì zuìhǎo dė shíqī。

단어 정리

江青(Jiāng Qīng) : 중국의 여성 정치가. 모택동의 부인. '4인방(四人帮) 사건'으로 체포, 복역 중 옥사. 4인방 사건은 王洪文, 张春桥, 江青 · 姚文元 등 4인이 1976년 9월 모택동 사망 이후 중국의 정권을 장악하기 위해 기도하였으나 사전에 누설되어 체포된 사건.

反革命(fǎngémìng) : 반혁명(분자). 혁명을 반대하다.

被(bèi) : [개사] …당하다, …에게 …당하다. [동사 앞에 쓰여서 피동을 나타냄. 주동자는 생략 가능함].

粉碎(fěnsuì) : 분쇄하다, 가루로 만들다.

结束(jiéshù) : 끝나다, 마치다, 종결 · 종료(하다). 결산 · 마감(하다).

原(yuán) : 최초의. 원래 · 본래(의).

重新(chóngxīn) : 다시, 거듭, 재차. 새로이, 처음부터.

复出(fùchū) : (직책을 내놓거나 사회활동을 중단한 사람이) 활동을 재개하다. 활동 재개.

推行(tuīxíng) : (경험 · 방법 등을)널리 시행하다, 보급하다, 밀고 나가다.

重点(zhòngdiǎn) : 중점, 중요한 점, 중시해야 할 점. [부사어로도 사용됨] 중점적으로.

放(fàng) : 두다, 놓다. 放到抽屉(chōuti)里 : 서랍 안에 두다.

到(dào) : [동사의 보어로 쓰여 동작이 목적에 도달 혹은 성취됨] …에 이르다. …에 미치다. …을 해내다.

上(shang) : [접미사] 명사 뒤에 쓰여, 높은 곳 · 물체의 겉면 · 어떤 범위의 안에 있거나, 어떤 분야를(개사 在 · 从이 앞에 사용되기도 함) 나타냄.

逐步(zhúbù) : 한 걸음 한 걸음, 차츰차츰.

条(tiáo) : [양사] 가늘고 긴 것을 나타냄 : 一条小路 한 줄기 오솔길. 항목, 조목. 三条办法 : 세 가지 방법.

具有中国特色的社会主义现代化(jùyǒu zhōngguó tèsè dė shèhuìzhǔyì xiàndàihuà) : 중국의 특색을 구비한 사회주의 현대화 → 중국적 사회주의 현대화.

道路(dàolù) : 도로, 길. 진로, 일. 노선.

以来(yǐlái) : 이래, 동안.

面貌(miànmào) : 용모, 얼굴 생김새. 면모, 양상, 상황.

深刻(shēnkè) : 심각하다. 깊다, 심오하다. 印象深刻 : 인상이 깊다.
→ 深刻变化 : 커다란 변화.

突飞猛进(tūfēiměngjìn) : 비약적으로 발전하다. 전력으로 매진하다.

显著(xiǎnzhù) : 현저 · 뚜렷하다, 두드러지다.
提高(tígāo) : 제고 · 고양하다, 향상시키다, 높이다.

번역 4-3

1976년 10월 쟝 칭(江青, Jiang Qing)의 반혁명 집단이 분쇄되고, 문화대혁명이 종료되어, 중국은 새로운 역사 시기로 진입하였다. 원래 중공 총서기이였던 떵샤오 핑(鄧小平, Deng Xiaoping)이 다시 활동을 재개하고, 1979년부터 '개혁 개방' 정책을 추진하여, 업무의 중점을 현대화 건설에 두었다. 경제 체제와 정치 체제의 개혁을 통해서, 중국적 사회주의 현대화 건설 노선을 점차로 확립하였다. 개혁 개방 동안, 중국의 면모에는 커다란 변화가 발생하였고, 경제는 비약적으로 발전하고, 국민의 생활 수준은 현저히 제고되어, 건국 이후 정세가 가장 좋은 시기였다.

MEMO

MEMO

본문 5-1

1989年江泽民担任中共中央总书记、1993年担任国家主席，率领中国第三代领导集体，坚持与继承邓小平倡导的改革开放国策，中国呈现出政局稳定、经济高速发展、外交活跃的鼎盛局面。

2002年11月，在中国共产党十六届一中全会上，胡锦涛当选为中共中央总书记；2003年3月，在十届全国人大一次会议上，胡锦涛当选为国家主席。

발음 연습 5-2

yī jiǔ bā jiǔ nián Jiāng Zémín dānrèn zhōnggòng zhōngyāng zǒngshūjì、yī jiǔ jiǔ sān nián dānrèn guójiā zhǔxí, shuàilǐng zhōngguó dìsān dài lǐngdǎo jítǐ, jiānchí yǔ jìchéng Dèng Xiǎopíng chàngdǎo dė gǎigé kāifàng guócè, zhōngguó chéngxiàn chu zhèngjú wěndìng、jīngjì gāosù fāzhǎn、wàijiāo huóyuè dė dǐngshèng júmiàn。

èr líng líng èr nián shíyī yuè, zài zhōngguó gòngchǎndǎng shíliù jiè yī zhōng quánhuì shang, Hú Jǐntāo dāngxuǎn wéi zhōnggòng zhōngyāng zǒngshūjì ; èr líng líng sān nián sān yuè, zài shí jiè quánguó réndà yī cì huìyì shang, Hú Jǐntāo dāngxuǎn wéi guójiā zhǔxí。

단어 정리

担任(dānrèn) : 맡다, 담당 · 담임하다.

中共中央(zhōnggòng zhōngyāng) : 중국공산당(中國共産黨, 中共) 중앙위원회(中央委員會).

总书记(zǒngshūjì) : 총서기.
→ 中共中央总书记 : 중국공산당의 권력 서열 제1인자로 당을 대표한다.

国家主席(guójiāzhǔxí) : 중화인민공화국의 국가주석으로, 대외적으로 중국을 대표한다.

率领(shuàilǐng) : 거느리다, 이끌다, 인솔하다.

领导(lǐngdǎo) : 지도 · 영도하다, 이끌고 나가다. 지도, 영도. 지도자, 영도자. 지도력, 영도력.

集体(jítǐ) : 집단, 단체. 집단 소유제. 집단 소유제 기관.

坚持(jiānchí) : (주장 등을)견지 · 고수 · 고집하다, 끝까지 버티다.

倡导(chàngdǎo) : 제창 · 창도 · 발기 · 발의(하다).

国策(guócè) : 국책, 국가의 정책.

呈现(chéngxiàn) : 나타내다. 나타나다. 양상을 띠다.

出(chu) : [동사의 뒤에 쓰여] (동작이 안에서 밖으로 나오다, 나타나다, 완성되다를 의미함)

稳定(wěndìng) : 안정하다, 가라앉다. 안정시키다, 가라앉히다. 안정(제).

活跃(huóyuè) : 활기를 띠게 하다, 활발히 하다. 활약하다, 적극적으로 활동하다. 활동적이다, 활기차다.

鼎盛(dǐngshèng) : 한창이다, 바야흐로 한창 흥성하다.

届(jiè) : [양사] 회(回), 기(期), 차(次). (정기적인 회의나 졸업년차 등에 쓰임)

中国共产党十六届一中全会 : 중국공산당 제16기 전국대표대회 제1차 중앙위원회 전체회의이다. 중공 전국대표회의(全國代表大會, 全大)는 중공의 최고권력기구로 5년마다 1회 개최되고, 그 상설 기관은 중공 중앙으로 중공 중앙 전체회의(中全會)는 5년 동안 1년마다 최소 1회 개최된다.

十届全国人大一次会议 : 중화인민공화국 제10기 전국인민대표대회 제1차 상무위원회 회의이다. 중화인민공화국 전국인민대표대회(全國人民代表大會, 全國人大)는 중국의 최고권력기구로 5년마다 1회 개최되고, 그 상설 기관은 전국인민대표대회 상무위원회(常務委員會)이다. 전국인대 상무위원회 회의는 일반적으로 2달마다 1회 개최된다.

번 역 5-3

1989년에 장 저 민(江澤民, Jiang Zemin)은 중국공산당 중앙위원회의 총서기를 맡고, 1993년에 국가주석을 맡아, 중국 제3세대 영도자 집단을 이끌어, 떵 샤오핑이 제창한 개혁 개방 국책을 견지하고 계승하여, 중국의 정국이 안정되고 경제가 고속 발전하며 외교가 활동적인 한창 흥성하는 국면이 나타났다.

2002년 11월 중국공산당 제16기 전국대표대회 제1차 중앙위원회 전체회의에서 후 진 타오(胡錦濤, Hu Jintao)는 중공 중앙 총서기로 당선되고, 2003년 3월 제10기 전국인민대표대회 제1차 상무위원회 회의에서 후 진 타오는 국가주석으로 당선되었다.**

http://news.xinhuanet.com/ziliao/2003-08/05/content_1010632.htm

5

문화:

선진 문화

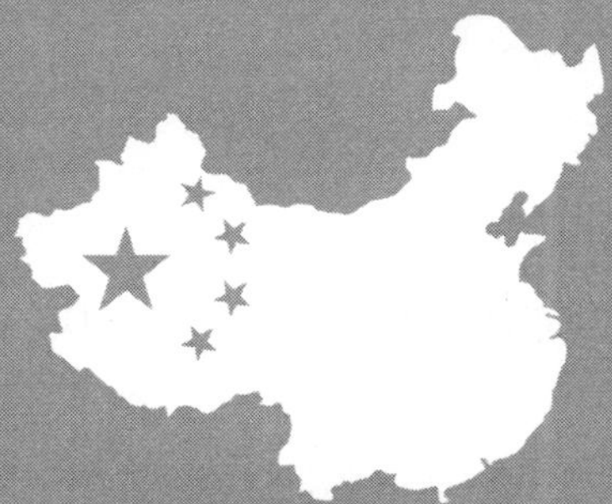

China

본문 1-1 时代洪流中的先进文化:

先进文化是人类文明进步的结晶。 如果不能正确理解和把握先进文化的深刻内涵和基本特征， 就不能自觉地建设先进文化，清醒地坚持先进文化的前进方向。

발음 연습 1-2 shídài hóngliú zhōng dė xiānjìn wénhuà:

xiānjìn wénhuà shì rénlèi wénmíng jìnbù dė jiéjīng。 rúguǒ bùnéng zhèngquè lǐjiě hé bǎwò xiānjìn wénhuà dė shēnkè nèihán hé jīběn tèzhēng, jiù bùnéng zìjuédi jiànshè xiānjìn wénhuà, qīngxǐngdi jiānchí xiānjìn wénhuà dė qiánjìn fāngxiàng。

단어 정리

洪流(hóngliú) : 거센 흐름, 큰 흐름. 洪(hóng) : 크다. 큰물, 홍수.

结晶(jiéjīng) : 결정(체), 진귀한(소중한) 성과. 크리스탈, 수정, 수정제품.

把握(bǎwò) : (꽉 움켜)쥐다, 잡다, 포착하다, 장악하다. (추상적인 것을)파악하다. 가망, 성공 가능성.

深刻(shēnkè) : 심각하다. 깊다, 심오하다. 印象深刻 : 인상이 깊다.

内涵(nèihán) : 속성, 내포(内包). ↔ 外延(wàiyán) : 외연(外延).

清醒(qīngxǐng) : (머릿속)맑고 깨끗하다, 뚜렷 · 분명하다. 의식을 회복하다, 정신을 차리다, 깨어나다.

번 역

1-3 시대의 큰 흐름 속에 있는 선진 문화

선진 문화는 인류 문명 진보의 결정체이다. 만약 선진 문화의 심오한 속성과 기본 특징을 정확히 이해·파악할 수 없다면, 바로 선진 문화를 자각적으로 건설할 수 없고 선진 문화의 전진 방향을 분명히 견지할 수 없다.

MEMO

본문 2-1

中国当今先进文化应有以下基本特征：先进文化既有历史的继承性又有现实的时代性。先进文化不是天上掉下来的，也不是哪一个杰出人物头脑里固有的，而首先是从古代和前人那里继承下来的优秀文化传统。观今宜鉴古，无古不成今。继承是为了创造，要创造必须继承；继承是创造的前提，创造是继承的目的，不继承中华民族五千年的优秀文化传统，而想凭空创造当今的先进文化是不可能的。

발음 연습 2-2

zhōngguó dāngjīn xiānjìn wénhuà yīngyǒu yǐxià jīběn tèzhēng：xiānjìn wénhuà jì yǒu lìshǐ dė jìchéngxìng yòu yǒu xiànshí dė shídàixìng。xiānjìn wénhuà búshì tiānshàng diào xiàlái dė, yě búshì nǎyíge jiéchū rénwù tóunǎo li gùyǒu dė, ér shǒuxiān shì cóng gǔdài hé qiánrén nàli jìchéng xiàlái dė yōuxiù wénhuà chuántǒng。guānjīn yí jiàngǔ, wúgǔ bùchéng jīn。jìchéng shì wèilė chuàngzào, yào chuàngzào bìxū jìchéng；jìchéng shì chuàngzào dė qiántí, chuàngzào shì jìchéng dė mùdì, bú jìchéng zhōnghuá mínzú wǔ qiān nián dė yōuxiù wénhuà chuántǒng, ér xiǎng píngkōng chuàngzào dāngjīn dė xiānjìn wénhuà shì bù kěnéng dė。

단어 정리

当今(dāngjīn) : 현재, 지금.

既(jì)…, 又(yòu)… : …할 뿐만 아니라 또 …, …이며 그 외에 ….

掉(diào) : (아래로)떨어지다, 떨어뜨리다. 뒤에 처지다, 뒤떨어지다. 掉队(diàoduì) : 낙오하다(되다).

里(li) : [명] (명사 뒤에 붙어 일정한 공간 · 시간 · 범위 나타냄) 안, 속, 가운데. 手里 : 손 안. 夜里 : 밤중.
[접미사] (这, 那, 哪 등 뒤에 붙어 장소를 나타냄) 这里 : 여기.
里(lǐ) : 안, 속. 가운데, 안쪽. 이웃. 고향.

前人(qiánrén) : 선인(先人), 옛사람. 이전 사람.

观今(guānjīn) : 현재를 보다. 观 : 보다, 구경하다.

宜(yí) : [형] 적합 · 적당하다, 알맞다. 마땅 · 당연하다.
[부] 마땅히, 응당(부정문에 쓰임). 事不宜迟 : 일은 마땅히 늦어서는 안 된다.

鉴(jiàn) : 거울. 비추다. 감정(鑑定) · 감별(鑑别)하다. 귀감, 본보기.
→ 观今宜鉴古 : 현재를 보려면 과거에 비추는 것이 당연하다.

凭(píng) : [동] (몸을 …에)기대다. 의지 · 의거하다. …에 근거하다. [명] 증거.
[접속사](항상 总 · 也 · 都 등과 대응하여 쓰여)설사 · 설령 …이라 할지라도(하더라도).

凭空(píngkōng) : 근거 없이, 터무니없이, 까닭 없이.

번역 2-3

중국 당대의 선진 문화에는 아래의 기본적 특징이 당연히 있어야 한다. 선진 문화는 역사적 계승성이 있을 뿐만 아니라, 또 현실적 시대성을 가지고 있다. 선진 문화는 하늘에서 떨어져 내려온 것이 아니고, 또한 어떤 걸출한 인물의 머릿속에 고유한 것도 아니며, 먼저 고대와 선인 거기에서 계승되어 내려온 우수한 문화 전통이다. 현재를 보려면 과거에 비추는 것이 당연하고, 과거가 없으면 현재가 성립되지 않는다. 계승은 창조를 위한 것이고, 창조하려면 반드시 계승해야 한다. 계승은 창조의 전제이고, 창조는 계승의 목적이며, 중화 민족 5천 년의 우수한 문화 전통을 계승하지 않고, 근거 없이 당대의 선진 문화를 창조하려는 것은 불가능하다.

MEMO

MEMO

본 문 3-1

任何先进文化都是与时俱进的文化，都反映着时代的精神，时代的活力，时代的内容，时代的审美要求和审美情趣，都有其鲜明的时代特征。“时运交移，质文化变”，先进文化总是伴随着时代的前进而发展，以成为时代的印记和百科全书。倾听一首乐曲，欣赏一幅书画，阅读一部小说，就能把我们带进一个特定的历史时代。

발음 연습 3-2

rènhé xiānjìn wénhuà dōushì yǔshíjùjìn dė wénhuà, dōu fǎnyìngzhė shídài dė jīngshén, shídài dė huólì, shídài dė nèiróng, shídài dė shěnměi yàoqiú hé shěnměi qíngqù, dōu yǒu qí xiānmíng dė shídài tèzhēng。“shíyùn jiāoyí, zhìwén huàbiàn”, xiānjìn wénhuà zǒngshì bànsuízhė shídài dė qiánjìn ér fāzhǎn, yǐ chéngwéi shídài dė yìnjì hé bǎikēquánshū。qīngtīng yìshǒu yuèqǔ, xīnshǎng yìfú shūhuà, yuèdú yíbù xiǎoshuō, jiù néng bǎ wǒmėn dàijìn yígė tèdìng dė lìshǐ shídài。

단어 정리

俱(jù) : 모두, 전부, 다.

→ 与时俱进(yǔshíjùjìn) : 시대와 함께 같이 전진한다.

与人方便(fāngbiàn), 与己方便 : 남에게 편리를 주면, 자기도 편리해진다. 인정은 베풀면 되돌아온다.

与人为善(yǔrénwéishàn) : 남에게 좋은 일하다, 선의로 남을 돕다.

与人无忤(yǔrénwúwǔ) : 사람들과 사이좋게 지내다. 忤(wǔ) : 거스르다, 거역하다, 위반하다.

与日俱增(yǔrìjùzēng) : 날이 갈수록 번창하다, 날로 많아지다.

审美(shěnměi) : 심미(적). 审美专家(shěnměizhuānjiā) : 심미주의자.

情趣(qíngqù) : 정취, 흥취. 흥미, 취미, 취향. 二人情趣相投(xiāngtóu) : 두 사람의 취향이 서로 맞다.

时运交移 : 시운이 바뀌다. 시대가 바뀌다.

时运(shíyùn) : 시운, 그때의 운수. 时运多艰(shíyùnduōjiān) : 시운이 다난하다.

사계절 운행의 변화. 시대적 풍조.

交(jiāo) : 교차하다. 교차점, 바뀔 때.

移(yí) : 이동하다, 옮기다. 변(동)하다.

质文化变 : 바탕(내용, 본질)과 꾸밈(형식, 문채, 문화)이 변한다.

质(zhì) : 성질, 본질. 품질. 질박·단순·솔직하다. 质言之 : 솔직하게 말하면.

→ 순수한 이미지의 바탕이 되어 아직 인위적이 없는 것.

文(wén) : 무늬, 문채(文彩), 문양. 문화.

→ 인위적으로 꾸며서 세련화 작업을 거친 것.

化(huà) : 변(화)하다, 변화시키다.

变(biàn) : 달라지다, 변(화)하다, 바뀌다.

→ 时运交移, 质文化变 : 때가 교체하고(時交) 운이 옮겨가니(運移), 바탕이 화하고(質化) 문채(文彩)가 변한다(文變).

시운이 바뀌니, (한 사회의) 본질과 문화가 변화한다.

시운이 바뀌니, 바탕(질質 : 내용)과 꾸밈(문文 : 형식)도 변화한다.

总是(zǒngshì) : 늘, 줄곧, 언제나. 반드시, 절대로. 결국, 아무래도.

伴随(bànsuí) : 동행 · 수반하다, 따라가다, 함께 가다.

印记(yìnjì) : 날인(捺印)한 도장, 표식. 기록 · 기억하다, 새겨두다. 공인(公印).

乐曲(yuèqǔ) : 악곡, 음악 작품.

倾听(qīngtīng) : 경청하다, 주의 깊게 듣다.

번 역 3-3

모든 선진 문화는 시대와 함께 같이 전진하는 문화이고, 모두가 시대의 정신, 시대의 활력, 시대의 내용, 시대의 심미적 요구와 심미적 정취를 반영하고 있으며, 모두가 그 선명한 시대적 특징이 있다. "시대가 바뀌면, 본질과 문화가 변한다." 선진 문화는 늘 시대의 전진에 따라서 발전하고, 이로써 시대의 기록과 백과전서가 된다. 노래 한 곡을 경청하고, 서화 한 폭을 감상하며, 소설 한 편을 읽는 것이, 우리를 특정한 역사시대로 바로 인도할 수 있다.

MEMO

MEMO

본문 4-1

先进文化既有浓厚的民族性又有博大的容纳性。任何一个民族的自尊、自信和自豪，都源自本民族深厚灿烂的文化。有特色的民族文化，是一个民族的灵魂、形象和本质特征。中华民族的文明是各民族共同缔造的文明。没有国内各民族的文明，就没有中华民族的文明；没有中华民族和世界所有民族的文明，就没有人类的文明。文化越是民族的越有其价值，就越能走向世界，为全人类所有。我们中华文化之所以能自立于世界文化之林，为各国人民所仰慕，其根本原因之一就是有浓厚而深刻的民族性。

발음 연습 4-2

xiānjìn wénhuà jì yǒu nónghòu dė mínzúxìng yòu yǒu bódà dė róngnàxìng。rènhé yígė mínzú dė zìzūn、zìxìn hé zìháo, dōu yuán zì běn mínzú shēnhòu cànlàn dė wénhuà。yǒu tèsè dė mínzú wénhuà, shì yígė mínzú dė línghún、xíngxiàng hé běnzhì tèzhēng。zhōnghuá mínzú dė wénmíng shì gè mínzú gòngtóng dìzào dė wénmíng。méiyǒu guónèi gè mínzú dė wénmíng, jiù méiyǒu zhōnghuá mínzú dė wénmíng ; méiyǒu zhōnghuá mínzú hé shìjiè suǒyǒu mínzú dė wénmíng, jiù méiyǒu rénlèi dė wénmíng。wénhuà yuè shì mínzú dė yuè yǒu qí jiàzhí, jiù yuè néng zǒuxiàng shìjiè, wéi quán rénlèi suǒ yǒ u。wǒmėn zhōnghuá wénhuà zhī suǒyǐ néng zìlì yú shìjiè wénhuà zhī lín, wéi gèguó rénmín suǒ yǎngmù, qí gēnběn yuányīn zhīyī jiù shì yǒu nónghòu ér shēnkè dė mínzúxìng。

단어 정리

浓厚(nónghòu) : 농후하다, 강하다. 짙다. (관심 등이)크다, 깊다.

博大(bódà) : (추상적인 사물이)넓고 크다.

容纳(róngnà) : 수용하다. 포용 · 용납하다.

自信(zìxìn) : 자신(하다).

自豪(zìháo) : 스스로 긍지를 느끼다, 자랑으로 여기다. 自豪感(zìháogǎn) : 긍지, 자부심.

源(yuán) : 근원, 출처, 기원. 수원(水源), 발원지.
饮水思源(yǐnshuǐsīyuán) : 물을 마실 때 그 근원을 생각한다.

自(zì) : [개사] …에서(부터).
→ 源自 : …에서 기원하다, 출발하다.

本(běn) : [형] (상대방에 대하여)자기 쪽의. 본래(의), 원래(의). 중심의, 근본이 되는.

深厚(shēnhòu) : (기초가)단단 · 튼튼하다. (감정이)깊고 두텁다.

灿烂(cànlàn) : 찬란하다, 선명하게 빛나다, 눈부시게 현란하다.

形象(xíngxiàng) : 형상, 이미지. 구체적이다.

缔造(dìzào) : (위대한 사업을)창건 · 창립 · 창설하다.

所有(suǒyǒu) : 모든, 일체의. 소유(하다). 소유물.

走向(zǒuxiàng) : 방향. …로 가다, …을 향해 나아가다.

为(wéi) : [개사] (피동의 뜻으로 所와 함께 쓰여서)…당하다, …에 의하여 …하게 되다.
敌人为我所败 : 적은 나에게 패하다. 내가 적을 물리치다.

→ 为全人类所有 : 전 인류가 (문화를) 소유하다. 전 인류가 (문화를) 향유하다.
所以(suǒyǐ) : [접사] (…之所以…의 형태로) …한 이유는. …한 까닭은.
林(lín) : (사람이나 사물의)집단, 계(界). 숲.
仰慕(yǎngmù) : 앙모 · 경모하다.

번역 4-3

선진 문화는 농후한 민족성을 지니고 있을 뿐 아니라 또 넓고 큰 포용성을 가지고 있다. 모든 민족의 자존심 · 자신감 · 자부심은 모두 자기 민족의 기초가 튼튼하고 찬란한 문화에서 출발한다. 특색 있는 민족 문화는 한 민족의 영혼이고 형상이며 본질적 특징이다. 중화 민족의 문명은 각 민족이 공동으로 창조한 문명이다. 국내 각 민족의 문명이 없다면, 바로 중화 민족의 문명이 없고, 중화 민족과 세계 모든 민족의 문명이 없다면, 바로 인류의 문명이 없는 것이다. 문화는 민족적일수록 더욱더 그 가치가 있고, 세계로 나아갈 수 있으며 전 인류가 향유할 수 있다. 우리 중화 문화가 세계 문화계에서 자립하고 각국 국민에 의해 앙모받을 수 있는 그 근본적 원인 중 하나는 바로 농후하고 심오한 민족성이 있기 때문이다.

MEMO

MEMO

본 문 5-1

先进文化有其博大的胸怀，是一种海纳百川，气吞河山，博采古今中外，广集世间百家的文化。我们当代的先进文化不仅要继承中国古代的各家各派，各个历史时期，各个民族的优秀文化，还要吸收和借鉴世界各国的古代和现代文化的先进成果，要“大胆拿来”，“为我所用”，“古为今用”，“洋为中用”。

발음 연습 5-2

xiānjìn wénhuà yǒu qí bódà dė xiōnghuái, shì yìzhǒng haǐ nà bǎichuān, qì tūn héshān, bócǎi gǔjīn zhōngwài, guǎngjí shìjiān bǎijiā dė wénhuà。wǒmėn dāngdài dė xiānjìn wénhuà bùjǐn yào jìchéng zhōngguó gǔdài dė gèjiā gèpài, gègè lìshǐ shídài, gègè mínzú dė yōuxiù wénhuà, hái yào xīshōu hé jièjiàn shìjiè gèguó dė gǔdài hé xiàndài wénhuà dė xiānjìn chéngguǒ, yào “dàdǎn nálai”, “wéi wǒ suǒ yòng”, “gǔwéi jīnyòng”, “yángwéi zhōngyòng”。

단어 정리

胸怀(xiōnghuái) : 흉금, 포부, 도량, 생각. 마음속으로 생각하다, 가슴에 품다.
→ 先进文化有其博大的胸怀 : 선진 문화에는 넓고 큰 가슴(즉 포용력)이 있다.

海纳百川(haǐ nà bǎi chuān) : 바다는 백 개의(많은) 하천을 받아들인다.
纳(nà) : (받아)넣다, 들이다. (의견 등을)받아들이다, 채용하다.

气吞河山(qìtūnhéshān) : 기개가 산하를 삼킬 듯하다. 吞(tūn) : 삼키다.

博采(bócǎi) : 널리 취하다. 博采众长(bócǎizhòngcháng) : 여러 장점을 널리 받아들이다.

古今中外(gǔjīnzhōngwài) : 고금동서(古今東西, 동서고금), 모든 시대와 지역.

广(guǎng) : [형] 넓다. 많다. [동] 넓히다, 확대하다.

集(jí) : 모이다. 모으다.

世间(shìjiān) : 세상, 세간, 사회.

百家(bǎijiā) : 1) 여러 집. 여러 가족. 2) 诸子(zhūzǐ)百家 : 제자백가, 춘추전국시대의 여러 대가와 많은 학파.
百家争鸣(bǎijiā)(zhēngmíng) : 백가쟁명, 춘추전국시대 儒家 · 法家 · 道家 · 墨家 등 여러 사상의 학파가 자신의 학설을 주장하며 서로 논전을 벌였던 일.
→ 广集世间百家 : 세상의 많은 학파(의 사상)를 널리 모으다. 세상의 많은 지식을 수용하다.

家(jiā) : 전문가, 대가. 학파. 쪽, 측, 편.

派(pài) : 파, 파벌, 분파.
→ 各家(gèjiā)各派(gèpài) : 각계의 학파

借鉴(jièjiàn) : 참고로 하다, 거울로 삼다.

大胆(dàdǎn) : [형] 대담하다. [동] 대담해지다.

拿来(nálai) : 가져오다.
→ 大胆拿来 : 대담하게 수용하다.

为我所用(wéi wǒ suǒ yòng) : 우리에 의하여 활용되다. 우리들이 활용하다.

古为今用(gǔwéijīnyòng) : 옛 것 중 좋은 점을 오늘에 맞게 받아들이다.
옛 것의 장점을 취하여 오늘에 유용하게 쓰다.

洋为中用(yángwéizhōngyòng) : 서양 문화 중 유익한 것을 받아들여 중국의 발전에 이용하다.
외국의 장점을 취하여 중국에 유용하게 쓰다.

번역 5-3

선진 문화는 넓고 큰 포용력이 있어, 바로 바다가 많은 하천을 받아들이고, 기개가 산하를 삼킬 듯하며, 동서고금에서 널리 취하고, 세상의 많은 지식을 널리 수용하는 문화이다. 우리 당대의 선진 문화는 중국 고대의 각계 학파, 각 역사시기, 각 민족의 우수한 문화를 계승해야 할 뿐만 아니라, 또한 세계 각국의 고대와 현대 문화의 선진적인 성과를 흡수하고 거울삼아야 하며, "대담하게 수용하고", "우리가 활용하며", "전통 문화 중 장점을 오늘에 맞게 활용하고", "서양 문화 중 장점을 중국에 맞게 활용해야" 한다.**

≪人民日报≫ (2001年11月16日第十版)

6 사회:
대학생 사상 · 정치 교육

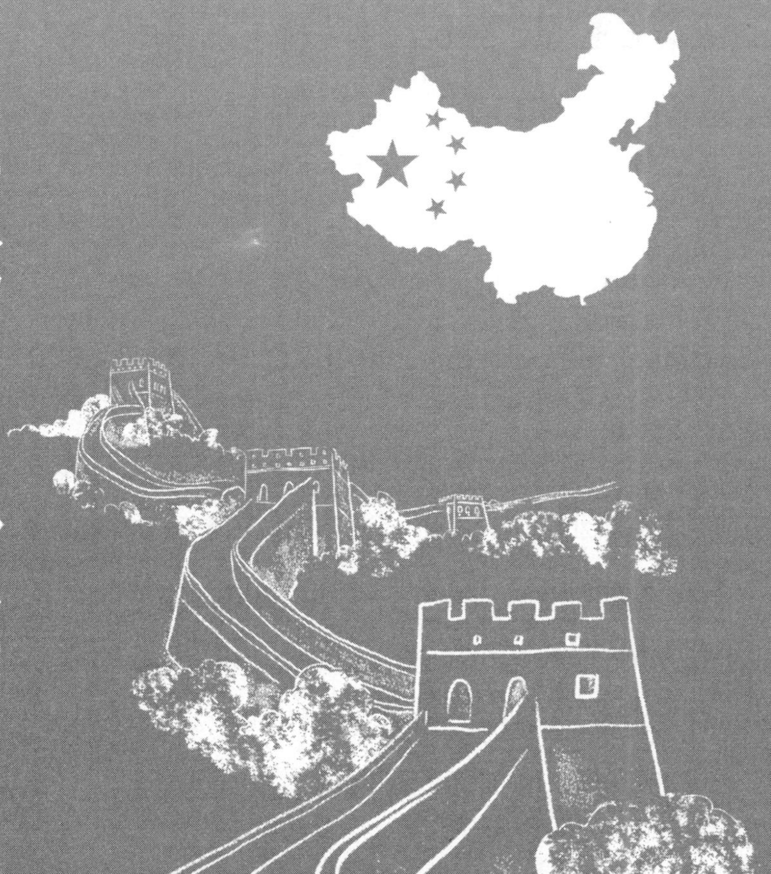

China

본 문 1-1

中国将进一步加强和改进大学生思想政治教育:

中国最近发出《关于进一步加强和改进大学生思想政治教育的意见》(以下简称《意见》)。《意见》强调指出，大学生是十分宝贵的人才资源，是民族的希望，是祖国的未来。加强和改进大学生思想政治教育，具有重大而深远的战略意义。

발음 연습 1-2

zhōngguó jiāng jìnyíbù jiāqiáng hé gǎijìn dàxuéshēng sīxiǎng zhèngzhì jiàoyù :

zhōngguó zuìjìn fāchū ≪guānyú jìnyíbù jiāqiáng hé gǎijìn dàxuéshēng sīxiǎng zhèngzhì jiàoyù dė yìjiàn≫(yǐxià jiǎnchēng ≪yìjiàn≫)。 ≪yìjiàn≫qiángdiào zhǐchū, dàxuéshēng shì shífēn bǎoguì dė réncái zīyuán, shì mínzú dė xīwàng, shì zǔguó dė wèilái。 jiāqiáng hé gǎijìn dàxuéshēng sīxiǎng zhèngzhì jiàoyù, jùyǒu zhòngdà ér shēnyuǎn dė zhànlüè yìyì。

단어 정리

进一步(jìnyíbù) : 진일보하다. 가일층. 进一步研究 : 가일층 연구하다.

加强(jiāqiáng) : 강화 · 보강하다.

改进(gǎijìn) : 개선 · 개진 · 개량하다.

发出(fāchū) : (소리 등)내다. (명령 · 지시 등)발표하다. (편지 등)보내다, 부치다.

简称(jiǎnchēng) : 약칭(하다).

指出(zhǐchū) : 지적하다. 가리키다.

十分(shífēn) : 매우, 대단히. 충분히.

宝贵(bǎoguì) : [형] 귀중하다. [동] 중시하다.

人才(réncái) : 인재. 인품, 아름답고 단정한 모습, 풍도. 有几分人才 : 인품이 좀 있다.

具有(jùyǒu) : (추상적인 것을)구비하다, 가지다. 具有信心 : 확신을 갖다.

深远(shēnyuǎn) : (영향 · 의의 등)깊고 크다, 심각하고 거대하다. (시간적으로)장구하고 (공간적으로)광범하다.

战略(zhànlüè) : 전략.

번역 1-3 중국은 대학생의 사상 · 정치 교육을 장차 가일층 강화하고 개선할 것이다:

중국은 최근 〈대학생 사상 · 정치 교육의 가일층 강화와 개선에 관한 의견〉(이하 〈의견〉으로 약칭함)을 발표하였다. 〈의견〉은 대학생이 매우 고귀한 인재 자원이고, 민족의 희망이고, 조국의 미래이며, 대학생 사상 · 정치 교육의 강화와 개선은 중대하고 거대한 전략적 의미를 가지고 있다고 강조하며 지적하였다.

본 문 2-1

《意见》分九个部分：一、加强和改进大学生思想政治教育是一项重大而紧迫的战略任务；二、加强和改进大学生思想政治教育的指导思想和基本原则；三、加强和改进大学生思想政治教育的主要任务；四、充分发挥课堂教学在大学生思想政治教育中的主导作用；

발음 연습 2-2

《yìjiàn》 fēn jiǔgė bùfēn ： yī、 jiāqiáng hé gǎijìn dàxuéshēng sīxiǎng zhèngzhì jiàoyù shì yíxiàng zhòngdà ér jǐnpò dė zhànlüè rènwu ; èr、 jiāqiáng hé gǎijìn dàxuéshēng sīxiǎng zhèngzhì jiàoyù dė zhǐdǎo sīxiǎng hé jīběn yuánzé ; sā n、jiāqiáng hé gǎijìn dàxuéshēng sīxiǎng zhèngzhì jiàoyù dė zhǔyào rènwu ; sì、chōngfèn fāhuī kètáng jiàoxué zài dàxuéshēng sīxiǎng zhèngzhì jiàoyù zhōng dė zhǔdǎo zuòyòng ;

단어 정리

分(fēn) : 나누다, 분류 · 구분하다.
一年分四季 : 일년은 사계로 나뉜다. 这药分三次吃 : 이 약은 세 번으로 나누어 먹는다.

紧迫(jǐnpò) : 긴박 · 급박하다.

任务(rènwu) : 임무, 책무.

指导(zhǐdǎo) : 지도(하다).

充分(chōngfèn) : [형] (주로 추상적 사물에 쓰임) 충분하다. [부] 충분히, 완전히.

发挥(fāhuī) : 발휘 · 발양하다. (의사를)충분히 나타내다, 발표 · 해명하다. 발휘. 해명.

课堂(kètáng) : 교실. (추상적 의미의)학습의 장. 课堂(kètáng)讨论(tǎolùn) : (대학에서의)세미나.

教学(jiàoxué) : 수업 · 교수 · 교육(하다), 가르치다. 가르침과 배움. 교사와 학생.
教学(jiāoxué) : (지식 · 기능을)가르치다, 교수(教授)하다. 교사가 되다.

主导(zhǔdǎo) : 주도하다. 주도적인 것.

作用(zuòyòng) : 작용(하다), 영향을 미치다. 同化作用 : 동화 작용.
역할, 영향, 효과. 积极作用 : 적극적 역할. 带头(dàitóu)作用 : 솔선수범의 역할.
起作用 : 역할을 하다, 영향을 끼치다.

번역 2-3

〈의견〉은 9개 부분으로 분류된다. 1. 대학생 사상 · 정치 교육의 강화와 개선은 하나의 중대하고 긴박한 전략적 임무이다. 2. 대학생 사상 · 정치 교육의 지도사상과 기본원칙을 강화하고 개선한다. 3. 대학생 사상 · 정치 교육의 주요 임무를 강화하고 개선한다. 4. 대학생 사상 · 정치 교육에서 교실 수업이 갖는 주도적 역할을 충분히 발휘한다.

본 문 3-1

五、努力拓展新形势下大学生思想政治教育的有效途径；六、 充分发挥党团组织在大学生思想政治教育中的重要作用 ； 七、大力加强大学生思想政治教育工作队伍建设 ；八、努力营造大学生思想政治教育工作的良好社会环境 ；九、切实加强对大学生思想政治教育工作的领导。

발음 연습 3-2

wǔ、 nǔlì tuòzhǎn xīn xíngshì xià dàxuéshēng sīxiǎng zhèngzhì jiàoyù dė yǒuxiào tújìng ; liù、 chōngfēn fāhuī dǎngtuán zǔzhī zài dàxuéshēng sīxiǎng zhèngzhì jiàoyù zhōng dė zhòngyào zuòyòng ; qī、 dàlì jiāqiáng dàxuéshēng sīxiǎng zhèngzhì jiàoyù gōngzuò duìwu jiànshè ; bā、 nǔlì yíngzào dàxuéshēng sīxiǎng zhèngzhì jiàoyù gōngzuò dė liánghǎo shèhuì huánjìng ; jiǔ、 qièshí jiāqiáng duì dàxuéshēng sīxiǎng zhèngzhì jiàoyù gōngzuò dė lǐngdǎo。

단어 정리

拓展(tuòzhǎn) : 넓히다, 확장하다. 拓(tuò) : (토지 · 도로를)개척 · 확장하다.

形势(xíngshì) : 형세, 정세, 상황. 지세(地勢)(군사적인 면에서 쓰임). 形势险要 : 지세가 험하다.

有效(yǒuxiào) : 유효하다, 효력이 있다.

途径(tújìng) : 경로. 절차, 순서. 수단, 방법.

党团(dǎngtuán) : 중국공산당(中國共産黨)과 중국공산주의청년단(中國共産主義青年團).

大力(dàlì) : 큰 힘, 강력. 강력하게, 힘껏.

队伍(duìwu) : 대오, 대열. 군대.
队(duì) : 열, 대열, 행렬. 팀, 어떤 성질을 지닌 단체. [양사] 무리(一队人马 : 사람과 말 한 무리).
伍(wǔ) : 5인으로 편성된 구식 군대의 최소 단위, 군대. 동료, 한패, 한동아리. 入伍 : 입대하다.
→ 工作队伍(gōngzuò duìwu) : 업무 단체.

营造(yíngzào) : 건축물을 역사(役事)하여 짓다, 영조하다, 집을 짓다.
(계획적인)조림(造林)하다. 营造防风林(fángfēnglín) : 방풍림을 조성하다.

良好(liánghǎo) : 양호하다. 좋다.

切实(qièshí) : 확실 · 적실하다. 착실 · 진실 · 성실하다.

领导(lǐngdǎo) : 지도(하다). 영도하다, 이끌고 나가다. 지도자, 영도자. 지도력, 영도력.

번 역 3-3

5. 새로운 형세 하에서 대학생 사상 · 정치 교육의 유효한 방법을 확장하도록 노력한다. 6. 대학생 사상 · 정치 교육에서 중국공산당과 중국공산주의청년단의 조직이 갖는 중요한 역할을 충분히 발휘한다. 7. 대학생 사상 · 정치 교육(을 담당하는) 업무단체의 건설을 힘껏 강화한다. 8. 대학생 사상 · 정치 교육 업무의 양호한 사회환경을 조성하는데 노력한다. 9. 대학생 사상 · 정치 교육 업무에 대한 지도를 착실히 강화한다.

본 문 4-1

《意见》指出，当代大学生思想政治状况的主流积极、健康、向上。然而，国际国内形势的深刻变化，使大学生思想政治教育既面临有利条件，也面临严峻挑战。面对新形势、新情况，大学生思想政治教育工作还不够适应，存在不少薄弱环节。加强和改进大学生思想政治教育是一项极为紧迫的重要任务。

발음 연습 4-2

《yìjiàn》 zhǐchū, dāngdài dàxuéshēng sīxiǎng zhèngzhì zhuàngkuàng dė zhǔliú jījí、jiànkāng、xiàngshàng。ránér, guójì guónèi xíngshì dė shēnkè biànhuà, shǐ dàxuéshēng sīxiǎng zhèngzhì jiàoyù jì miànlín yǒulì tiáojiàn, yě miànlín yánjùn tiǎozhàn。miànduì xīn xíngshì、xīn qíngkuàng, dàxuéshēng sīxiǎng zhèngzhì jiàoyù gōngzuò hái bùgòu shìyìng, cúnzài bùshǎo bóruò huánjié。jiāqiáng hé gǎijìn dàxuéshēng sīxiǎng zhèngzhì jiàoyù shì yíxiàng jíwéi jǐnpò dė zhòngyào rènwu。

단어 정리

状况(zhuàngkuàng) : 상황. 형편. 상태.

积极(jījí): (추상적 사물에 쓰여)적극적이다. 起积极作用: 적극적인 역할을 하다.
의욕적·열성적이다. 他工作得很积极: 그는 매우 의욕적으로 일하다. 生产积极性: 생산 의욕.

向上(xiàngshàng) : 향상·진보·발전(하다). 위로 향하다.

深刻(shēnkè) : 깊다. 핵심을 찌르다, 본질을 파악하다. 준엄하고 모질다.

既(jì) : [也(yě), 又(yòu), 且(qiě)와 호응하여] …할 뿐만 아니라. …뿐더러. …하고도.
既简便又安全的办法 : 간편하고도 안전한 방법.

面临(miànlín) : (문제 상황에) 직면·당면하다. 앞에 놓여 있다.

严峻(yánjùn) : 위엄이 있다, 준엄하다. 严峻的态度 : 엄숙한 태도.
가혹하다, 모질다. 严峻的考验 : 가혹한 시련. 严峻的现实 : 냉엄한 현실.

挑战(tiǎozhàn) : 도전(하다).

面对(miànduì) : 마주보다. 직면하다. 직접 대면하다.

还(hái) : 아직(도), 여전히. 더(욱). 또, 더.

不够(búgòu) : 부족하다, 모자라다. 不够用 : 쓰기에 부족하다. 不够本 : 본전도 되지 않다, 손해를 본다.
不够资格 : 자격이 부족하다. 内容不够充实 : 내용이 충실하지 못하다.

适应(shìyìng) : 적응(하다). [형] 적합·적당하다. 알맞다.

薄弱(bóruò) : 박약하다.

环节(huánjié) : 1) (동물의)환절. 环节动物 : 환절 동물. 2) 일환(一環), 부분. 主要环节 : 중요한 부분.
→ 薄弱环节 : 약한 부분.

极为(jíwéi) : 극히, 매우.

번역 4-3

〈의견〉은 다음과 같이 지적하였다. 즉 당대 대학생 사상·정치 상황의 주류는 적극적이고 건강하며 진보적이다. 그러나 국제·국내 형세의 심각한 변화는 대학생 사상·정치 교육으로 하여금 유리한 조건에 직면하게도 하지만, 또한 가혹한 도전에 직면하게도 한다. 새로운 형세와 새로운 상황에 직면하여, 대학생 사상·정치 교육 업무는 적응이 아직 부족하고, 많은 박약한 부분이 존재한다. 대학생 사상·정치 교육의 강화와 개선은 매우 긴박한 중요 임무이다.**

본 문 5-1

《意见》指出，加强和改进大学生思想政治教育的主要任务，一是以理想信念教育为核心，深入进行树立正确的世界观、人生观和价值观教育。二是以爱国主义教育为重点，深入进行弘扬和培育民族精神教育。 三是以基本道德规范为基础，深入进行公民道德教育。四是以大学生全面发展为目标，深入进行素质教育，促成大学生思想道德素质、科学文化素质和健康素质协调发展，引导大学生勤于学习、善于创造、甘于奉献，成为有理想、有道德、有文化、有纪律的社会主义新人。

발음 연습 5-2

《yìjiàn》 zhǐchū, jiāqiáng hé gǎijìn dàxuéshēng sīxiǎng zhèngzhì jiàoyù dė zhǔyào rènwu, yī shì yǐ lǐxiǎng xìnniàn jiàoyù wéi héxīn, shēnrù jìnxíng shùlì zhèngquè dė shìjièguān、rénshēngguān hé jiàzhíguān jiàoyù。èr shì yǐ àiguózhǔyì jiàoyù wéi zhòngdiǎn, shēnrù jìnxíng hóngyáng hé péiyù mínzú jīngshén jiàoyù。sān shì yǐ jīběn dàodé guīfàn wéi jīchǔ, shēnrù jìnxíng gōngmín dàodé jiàoyù。sì shì yǐ dàxuéshēng quánmiàn fāzhǎn wéi mùbiāo, shēnrù jìnxíng sùzhì jiàoyù, cùchéng dàxuéshēng sīxiǎng dàodé sùzhì、kēxué wénhuà sùzhì hé jiànkāng sùzhì xiétiáo fāzhǎn, yǐndǎo dàxuéshēng qínyú xuéxí、shànyú chuàngzào、gānyú fèngxiàn, chéngwéi yǒu lǐxiǎng、yǒu dàodé、yǒu wénhuà、yǒu jìlǜ dė shèhuìzhǔyì xīnrén。

단어 정리

信念(xìnniàn) : 신념.

深入(shēnrù) : 깊이 들어가다, 깊이 파고들다. 심각하다, 철저하다. 심화시키다.

树立(shùlì) : 세우다, 수립하다, 확립하다.

重点(zhòngdiǎn) : 중점, 중요한 점, 중시해야 할 점. (부사어로도 쓰임).

弘扬(hóngyáng) : (사업 · 전통을)더욱 확대 · 발전시키다, 발양하다, 선양하다.

培育(péiyù) : 기르다, 재배하다. (사람 · 우의를)기르다, 양성하다, 돈독히 하다.

规范(guīfàn) : 본보기, 규범, 모범. 규격. 규범에 맞다.

公民(gōngmín) : 공민, 국민. 公民权 : 공민권. 公民投票(tóupiào) : 국민투표.

素质(sùzhì) : 흰 바탕, 밑바탕. 소양, 자질. 본질.

促成(cùchéng) : 촉성하다, 재촉하여 빨리 이루어지게 하다.

协调(xiétiáo) : [동] 협조(協調)하다, (의견을)조정하다, 조화하다. 协调政府的意见 : 정부 의견을 조정하다.
谐调(xiétiáo) : [형] 조화가 잘 되다. 色彩也很谐调 : 색채도 매우 조화가 잘 되어 있다.

引导(yǐndǎo) : 안내하다. 인도하다, 이끌다.

勤于(qínyú) : (…에)부지런하다, 부지런히 (…을)하다.

善于(shànyú) : …에 능숙하다, …를 잘하다.

甘于(gānyú) : …을 달가워하다, …를 감수하다.

奉献(fèngxiàn) : 삼가 바치다. 공헌.

文化(wénhuà) : 1) 문화. 2) (일반 교양)지식.
纪律(jìlǜ) : 규율, 기율, 기강. 법칙. 纪律性 : 법칙성.
新人(xīnrén) : 새 사람, 새 인간, 새로운 사람. 신진. 신랑신부. 새댁, 신부. 신임자. 초심자.

번 역 5-3

〈의견〉은 다음과 같이 지적하였다. 즉 대학생 사상 · 정치 교육의 강화와 개선의 주요 임무는, 첫째로 이상 · 신념의 교육을 핵심으로 삼아, 정확한 세계관 · 인생관과 가치관을 수립하는 교육을 철저히 진행하고, 둘째로 애국주의 교육을 중점으로 삼아, 민족 정신을 선양하고 배양하는 교육을 철저히 진행하고, 셋째로 기본적인 도덕 · 규범을 기초로 삼아, 국민 도덕의 교육을 철저히 진행하고, 넷째로 대학생의 전면적인 발전을 목표로 삼아, 소질 교육을 철저히 진행하여, 대학생의 사상 · 도덕적 소질과 과학 · 문화적 소질 및 건강한 소질의 조화로운 발전을 촉성하고, 대학생이 열심히 학습하고 잘 창조하고 달갑게 봉사하도록 인도하여, 이상이 있고 도덕이 있고 문화적 교양이 있고 규율이 있는 사회주의의 신인으로 만든다.**

http://news.xinhuanet.com/newscenter/2004-10/14/content_2091280.htm

7 경제:
국민경제 현황

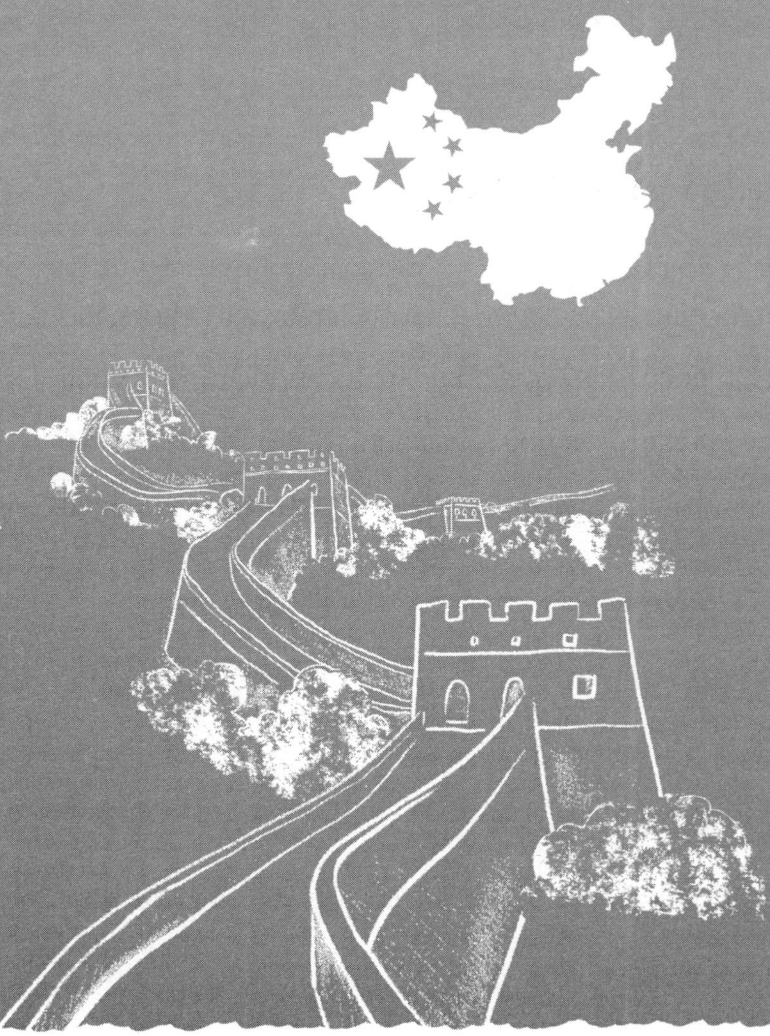

China

본문 1-1 政府工作报告:

新世纪第一年，全国各族人民在中国共产党领导下，面对复杂多变的国际形势，克服困难，阔步前进，改革开放和社会主义现代化建设取得了新的重大成就。

발음 연습 1-2 zhèngfǔ gōngzuò bàogào:

xīn shìjì dìyī nián, quánguó gèzú rénmín zài zhōngguó gòngchǎndǎng lǐngdǎo xià, miànduì fùzá duōbiàn dė guójì xíngshì, kèfú kùnnán, kuòbù qiánjìn, gǎigé kāifàng hé shèhuìzhǔyì xiàndàihuà jiànshè qǔdé lė xīn dė zhòngdà chéngjiù。

단어 정리

面对(miànduì) : 직면하다, 마주보다, 대면하다.

多变(duōbiàn) : 변화가 많은, 변덕스러운, 불안정한, 가변성의, 변화 있는. 변화가 많음. 많은 변화.

阔步(kuòbù) : 활보하다, 성큼성큼 걷다.

→ 阔步前进 : 큰 걸음으로 전진하다.

重大(zhòngdà) : 중대하다, 크다.

번 역

1-3 정부 업무 보고:

새로운 세기의 첫해 전국 각 민족과 국민은 중국공산당의 영도 하에서, 복잡하고 변화가 많은 국제 정세에 직면하여, 곤란을 극복하고 큰 걸음으로 전진하며, 개혁 개방과 사회주의 현대화의 건설에서 새롭고 중대한 성취를 획득하였다.

MEMO

본문 2-1

国民经济保持良好发展势头。在世界经济增长明显减速的情况下，我们坚持扩大内需的方针，坚定地实施积极的财政政策和稳健的货币政策，实现了经济较快增长。经济结构调整取得积极进展。农业结构有所优化，优质、专用农产品增加。信息、生物等高新技术产业快速发展。传统工业改造和淘汰落后生产能力有较大进展。基础设施建设取得显著成绩，完成了一批公路、铁路、水利枢纽和农村电网改造等重点项目。西部大开发起步顺利，青藏铁路、西电东送等重大项目相继开工。

발음 연습 2-2

guómín jīngjì bǎochí liánghǎo fāzhǎn shìtóu。zài shìjiè jīngjì zēngzhǎng míngxiǎn jiǎnsù dė qíngkuàng xià, wǒmėn jiānchí kuòdà nèixū dė fāngzhēn, jiāndìngdi shíshī jījí dė cáizhèng zhèngcè hé wěnjiàn dė huòbì zhèngcè, shíxiàn lė jīngjì jiàokuài zēngzhǎng。jīngjì jiégòu tiáozhěng qǔdé jījí jìnzhǎn。nóngyè jiégòu yǒusuǒ yōuhuà, yōuzhì、zhuānyòng nóngchǎnpǐn zēngjiā。xìnxī、shēngwù děng gāoxīn jìshù chǎnyè kuàisù fāzhǎn。chuántǒng gōngyè gǎizào hé táotài luòhòu shēngchǎn nénglì yǒu jiàodà jìnzhǎn。jīchǔ shèshī jiànshè qǔdé xiǎnzhù chéngjì, wánchéng lė yìpī gōnglù、tiělù、shuǐlì shūniǔ hé nóngcūn diànwǎng gǎizào děng zhòngdiǎn xiàngmù。xībù dàkāifā qǐbù shùnlì, qīng zàng tiělù、xīdiàndōngsòng děng zhòngdà xiàngmù xiāngjì kāigōng。

단어 정리

保持(bǎochí) : 유지 · 보지하다, 지키다.

势头(shìtóu) : 추세, 정세, 형세. 위세, 기세.

增长(zēngzhǎng) : 증가 · 신장하다, 늘어나다, 높아지다. → 성장하다.

明显(míngxiǎn) : 뚜렷하다, 분명하다.

减速(jiǎnsù) : 감속하다. 속도가 감소하다.

扩大(kuòdà) : 확대하다, 넓히다.

内需(nèixū) : 내수.

坚定(jiāndìng) : 확고하다, 꿋꿋하다, 부동(不動)하다, 굳다. 확고히 · 견고히 하다, 굳히다.

稳健(wěnjiàn) : 믿음직하다, 침착하고 힘있다. 온건 · 침착 · 묵직하다.
稳健的步子 : 믿음직한 걸음걸이.

结构(jiégòu) : 짜임새, 구조, 구성, 조직. 기구. (건축물의)구조물.
权力结构 : 권력 기구.

调整(tiáozhěng) : 조정 · 조절(하다).

进展(jìnzhǎn) : 진전(하다).

有所(yǒusuǒ) : (뒤에 동사나 형용사가 옴) 다소 · 어느 정도 · 좀 …하다. 有所提高 : 다소 향상되었다.
两国关系有所改善 : 양국 관계가 다소 개선되었다.
我对这一决议有所保留 : 나는 이 결의에 대해 좀 보류하겠다.

优化(yōuhuà) : (여러 가지 방안 · 요소 중에서)가장 우수한 것을 선택하다, 최적화하다.

优质(yōuzhì) : 양질, 우수한 품질.

专用(zhuānyòng) : 전용(하다). 오로지 의지 · 의존하다. 专用商标 : 전용 상표.

信息(xìnxī) : 정보. 소식, 뉴스. 信息技术(xìnxī jìshù) : 정보기술(Information Technology).

生物技术(shēngwù jìshù) : 생명공학기술, 생물공학기술(Bio Technology).
生物防治(shēngwù fángzhì) : 생물적 방제(防除).

高新技术(gāoxīn jìshù) : 고급 신기술.

淘汰(táotài) : 도태(하다).

落后(luòhòu) : 낙후되다. 낙오하다. 뒤처지다.
→ 淘汰落后生产能力 : 낙후된 생산 능력을 도태시키다. 낙후된 생산 능력의 도태.

设施(shèshī) : 시설.

显著(xiǎnzhù) : 현저 · 뚜렷하다, 두드러지다.

一批(yìpī) : 한 더미, 한 무더기, 한 무리, 한 떼, 한패, 일군. → 여러, 많은.

公路(gōnglù) : 도로. 공로.

枢纽(shūniǔ) : (사물의)중요 관건, 요점, 중추, 요충(지). 枢纽车站 : 주요 역. 交通枢纽 : 교통 요충.

电网(diànwǎng) : 배전망(配電網). 전기를 통해 놓은 철조망.

重点(zhòngdiǎn) : [부사어로도 쓰임] 중점, 중요한 점. 重点班 : 우수반. 重点大学 : 중점 대학.
지렛대가 물체를 떠받치는 점, 중점.

起步(qǐbù) : 착수하다. 가기 시작하다, 앞으로 나아가다.

西电东送(xīdiàndōngsòng) : 서부의 전력을 동부로 수송하다.

相继(xiāngjì) : 계속하다, 잇따르다, 연잇다.

开工(kāigōng) : 공사를 시작하다, 착공하다. 开工典礼 : 기공식.
(공장이)가동되다, 조업하다. 开工不足 : 조업 단축.

번역 2-3

국민경제는 양호한 발전적 추세를 유지하였다. 세계 경제 성장의 속도가 명확히 감소하는 상황 하에서, 우리는 내수를 확대하는 방침을 견지하고, 적극적인 재정 정책과 온건한 화폐 정책을 견고히 실시하여, 경제의 비교적 빠른 성장을 실현하였다. 경제 구조조정에서는 적극적인 진전을 보았다. 농업 구조는 어느 정도 최적화되었고, 양질과 전용의 농산품이 증가하였다. 정보와 생물 등 고급 신기술 산업은 신속히 발전하였다. 전통 공업의 개조와 낙후된 생산 능력의 도태에는 비교적 큰 진전이 있었다. 기초 시설의 건설에는 현저한 성적이 나타나고, 도로·철로·수리 요충지 및 농촌 배전망의 개조 등 여러 중점 항목을 완성하였다. 서부 대개발의 착수가 순조롭고, 청장철로(青藏鐵路)와 서전동송(西電東送) 등 중대한 사업 항목이 계속 착공되었다.

MEMO

본문 3-1

经济增长质量和效益进一步提高。 全年规模以上工业企业实现利润4657亿元，增长8.1%。金融运行平稳。居民消费价格总水平上升0.7%。外贸进出口总额突破5000亿美元，其中出口2662亿美元，增长6.8%。外商直接投资468亿美元，增长14.9%。国际收支状况良好， 年末国家外汇储备达到2122亿美元， 比上年末增加466亿美元。人民币汇率稳定。国民经济沿着持续快速健康发展的轨道前进。

발음 연습 3-2

jīngjì zēngzhǎng zhìliàng hé xiàoyì jìnyíbù tígāo。quánnián guīmó yǐshàng gōngyè qǐyè shíxiàn lìrùn sìqiān liùbǎi wǔshí qī yì yuán, zēngzhǎng bǎi fēnzhī bā diǎn yī。jīnróng yùnxíng píngwěn。jūmín xiāofèi jiàgé zǒng shuǐpíng shàngshēng bǎi fēnzhī líng diǎn qī。wàimào jìnchūkǒu zǒngé tūpò wǔqiān yì měiyuán, qízhōng chūkǒu èrqiān liùbǎi liùshí èr yì měiyuán, zēngzhǎng bǎi fēnzhī liù diǎn bā。wàishāng zhíjiē tóuzī sìbǎi liùshí bā yì měiyuán, zēngzhǎng bǎi fēnzhī shísì diǎn jiǔ。guójì shōuzhī zhuàngkuàng liánghǎo, niánmò guójiā wàihuì chǔbèi dádào èr(liǎng)qiān yībǎi èrshí èr yì měiyuán, bǐ shàngnián mò zēngjiā sìbǎi liùshí liù yì měiyuán。 rénmínbì huìlǜ wěndìng。 guómín jīngjì yánzhe chíxù kuàisù jiànkāng fāzhǎn dė guǐdào qiánjìn。

단어 정리

质量(zhìliàng) : 질, 품질, 질적인 내용. 질량. 질과 양. 인격, 품성. 工程质量 : 공사의 질.
效益(xiàoyì) : 효과와 이익(이점).
全年(quánnián) : 만 1년간, 연간. 全年雨量 : 연간 강우량. 预约全年 : 1년 분을 예약하다.
运行(yùnxíng) : 운행하다. 列车运行示意图 : 열차 운행 안내도.
平稳(píngwěn) : 안정되어 있다, 평온 · 편안하다, 부드럽다.
居民(jūmín) : 주민, 거민. 居民身分证 : 주민등록증. 居民点 : 주택 단지, 거주 지구.
外商(wàishāng) : 외국 상인. 외국 회사 · 상사.
收支(shōuzhī) : 수지. 수입과 지출. 收支平衡 : 수지가 맞다.
外汇(wàihuì) : 외환, 외화, 외국환.
储备(chǔbèi) : (물자를)비축 · 저장하다. 비축한 물건, 예비(품).
→ 外汇储备 : 외화 준비.
上年(shàngnián) : 작년.
汇率(huìlǜ) : 환율.
稳定(wěndìng) : [형] 안정하다, 변동이 없다. [동] 안정시키다, 가라앉히다.
沿着(yánzhe) : …을 따라서(끼고).
持续(chíxù) : 지속하다, 계속 유지하다.
健康(jiànkāng) : (상타가)정상이다, 건강 · 건전하다. (몸이)건강(하다).
轨道(guǐdào) : 궤도, 선로. 경로. (행동상의)규칙, 범위.

번 역 3-3

경제 성장의 질과 효과·이익이 가일층 향상되었다. 연간 규모 이상의 공업 기업은 4,657억 위웬의 이윤을 실현하여 8.1%가 증가하였다. 금융의 운행이 안정되었다. 주민 소비가격의 총 수준은 0.7%가 상승하였다. 외국 무역 수출·입의 총액은 5,000억 달러를 돌파하고, 그중 수출은 2,662억 달러이고, 6.8%가 증가하였다. 외국 회사의 직접 투자는 468억 달러이고, 14.9%가 증가하였다. 국제 수지의 상황은 양호하여, 연말 국가의 외화 준비는 2,122억 달러에 이르러, 작년 말과 비교하여 466억 달러가 증가하였다. 인민폐의 환율은 안정적이었다. 국민경제는 지속적이고 신속하며 정상적인 발전의 궤도에 따라 전진하였다.

MEMO

MEMO

본 문 4-1

经济体制改革进一步深化。国有企业改革继续推进，现代企业制度建设加快。 国家向重点企业派出的监事会作用加强。 企业重组、 改组工作积极推进。一批资源枯竭的矿山和严重资不抵债、扭亏无望的企业，通过关闭、破产退出市场。 粮食、 棉花流通体制改革取得成效。 城镇职工基本医疗保险制度、 医疗卫生体制和药品生产流通体制三项改革稳步推进。清理和减少了行政审批事项。

발음 연습 4-2

jīngjì tǐzhì gǎigé jìnyíbù shēnhuà。guóyǒu qǐyè gǎigé jìxù tuījìn, xiàndài qǐyè zhìdù jiànshè jiākuài。guójiā xiàng zhòngdiǎn qǐyè pàichū dė jiānshìhuì zuòyòng jiāqiáng。qǐyè chóngzǔ、gǎizǔ gōngzuò jījí tuījìn。yìpī zīyuán kūjié dė kuàngshān hé yánzhòng zī bùdǐ zhài、niǔkuī wúwàng dė qǐyè, tōngguò guānbì、pòchǎn tuìchū shìchǎng。liángshí、miánhuā liútōng tǐzhì gǎigé qǔdé chéngxiào。chéngzhèn zhígōng jīběn yīliáo bǎoxiǎn zhìdù、yīliáo wèishēng tǐzhì hé yàopǐn shēngchǎn liútōng tǐzhì sān xiàng gǎigé wěnbù tuījìn。qīnglǐ hé jiǎnshǎo lė xíngzhèng shěnpī shìxiàng。

단어 정리

深化(shēnhuà) : 심화. 심화하다, 심화시키다, 더욱 깊은 단계로 진행(하다 · 시키다).
推进(tuījìn) : 추진하다(시키다). (전선이나 군대가)밀고 나가다.
加快(jiākuài) : 가속화하다(되다). 빠르게 하다. 火车加快了速度 : 기차가 속도를 빠르게 하였다.
作用(zuòyòng) : 역할, 영향, 효과. 작용(하다), 영향을 미치다.
重(chóng) : 다시, 재차, 거듭. 중복하다. 겹치다.
→ 重组(chóngzǔ) : 재조직(하다).
改组(gǎizǔ) : 개편 · 개조(하다).
枯竭(kūjié) : 고갈되다, 소멸하다, 없어지다.
资(zī) : 자본(가). 금전, 비용. 재화, 재물. 제공하다. 以资参考 : 참고로 제공하다.
抵(dǐ) : 균형을 맞추다(이루다), 균형이 맞다, 상쇄하다(되다). 收支相抵 : 수지가 균형을 이루다.
债(zhài) : 빚, 부채.
→ 资不抵债(zī bùdǐ zhài) : 자본이 부채와 균형을 이루지 못하다. 자본이 부채와 불균형이다.
扭(niǔ) : (정세를)전환시키다, 돌려세우다. (얼굴을)돌리다. 비틀다.
亏(kuī) : 손해(보다).
扭亏(niǔkuī) : 결손 난 것을 보완하다.
扭亏增盈(niǔkuīzēngyíng) : 손실을 만회하고 이익을 증대시키다. = 扭亏增益(niǔkuīzēngyì)
无望(wúwàng) : 희망 · 가망이 없다.
→ 扭亏无望(niǔkuī wúwàng) : 결손 난 것을 보완할 희망이 없다.
关闭(guānbì) : 폐업(廢業)하다. (공장 · 상점이)파산하다. (학교가)폐교(廢校)하다. 닫다.
破产(pòchǎn) : 파산(하다), 도산(하다). 파탄(하다), 탄로나다, 깨지다.
退出(tuìchū) : 퇴출시키다(하다). 퇴장하다, 물러나다. 탈퇴하다.
成效(chéngxiào) : 성과, 효과, 성능.
城镇(chéngzhèn) : 도시와 시골, 도시와 농촌, 도농(都農).
镇(zhèn) : 중국 지방 행정구획은 省(shěng) → 县(xiàn) → 乡(xiāng) · 镇(zhèn)으로 구성되어 있고, 우리나라와 비교하면, 도 → 군 → 면 · 읍에 상당한다. 镇은 인구와 상공업의 규모가 县보다 작으나 乡보다 크고, 乡은 여러 부락으로 형성된다.
职工(zhígōng) : 직원과 공원. 종업원. 근무자. 노동자 = 工人(gōngrén).

稳步(wěnbù) : 점진적인 진행. 침착하고 절도 있는 걸음. 稳步前进 : 차근차근(착실하게) 전진하다.
清理(qīnglǐ) : 깨끗이 처리 · 정리하다. 깨끗이 청산하다.
审批(shěnpī) : (상급 기관이 하급 기관의 보고 · 계획 등을)심사하여 허가 · 비준하다.

번역 4-3

경제 체제의 개혁은 가일층 심화되었다. 국유기업의 개혁은 계속 추진되었고, 현대 기업제도의 수립은 가속화되었다. 국가가 중점 기업에 파견한 감사회의 역할이 강화되었다. 기업 재조직과 개편의 작업이 적극적으로 추진되었다. 여러 자원이 고갈된 광산들 그리고 심한 자본 부채와 불균형으로 결손 난 것을 보완할 희망이 없는 기업들은 폐업과 파산을 통해 시장에서 퇴출시켰다. 양식과 면화 유통 체제의 개혁은 성과를 얻었다. 도농 근무자의 기본 의료보험제도와 의료 위생 체제 및 약품 생산 유통체제 등 3가지 개혁은 착실하게 추진되었다. 행정의 심사허가 사항을 깨끗이 정리하고 감소시켰다.**

http://www.people.com.cn/GB/shizheng/7501/7503/20020317/688722.htm

8 정치: 모택동 기념 좌담회

China

본 문 1-1

中共中央举行纪念毛泽东同志诞辰110周年座谈会:

中共中央25日上午在人民大会堂举行座谈会，纪念伟大的马克思主义者，中国共产党、中国人民解放军、中华人民共和国的主要缔造者， 中国各族人民的伟大领袖毛泽东同志诞辰110周年。

발음 연습 1-2

zhōnggòng zhōngyāng jǔxíng jìniàn Máo Zédōng tóngzhì dànchén yī bǎi yī shí zhōunián zuòtánhuì:

zhōnggòng zhōngyāng èr shí liù rì shàngwǔ zài rénmín dàhuìtáng jǔxíng zuòtánhuì, jìniàn wěidà dė Mǎkèsī zhǔyì zhě, zhōngguó gòngchǎndǎng、zhōngguó rénmín jiěfàngjūn、zhōnghuá rénmín gònghéguó dė zhǔyào dìzàozhě, zhōngguó gèzú rénmín dė wěidà lǐngxiù Máo Zédōng tóngzhì dànchén yī bǎi yī shí zhōunián。

단어 정리

中共(zhōnggòng) : 중국공산당(中國共産黨)의 약칭.
中央(zhōngyāng) : 중앙위원회(中央委員會)의 약칭.

诞辰(dànchén) : 탄신, 생일.
马克思主义者(mǎkèsī zhǔyì zhě) : 맑스주의자, Marxismist.
缔造(dìzào) : (위대한 사업을)창건하다, 창립하다, 창설하다. 缔造者 : 창립자, 창조자, 창시자.
领袖(lǐngxiù) : 지도자, 영도자, 영수. 깃과 소매.

번 역

1-3 중공 중앙은 모택동 탄신 110주년을 기념하는 좌담회를 개최하다:

중국공산당 중앙위원회는 26일 오전 인민대회당에서 좌담회를 개최하여, 위대한 맑스주의자이고, 중국공산당·중국인민해방군·중화인민공화국의 주요 창립자이며, 중국 각 민족과 국민의 위대한 지도자인 마오 저 뚱 동지 탄신 110주년을 기념하였다.

MEMO

본문 2-1

中共中央总书记、国家主席胡锦涛发表重要讲话强调，实现国家的现代化，实现祖国的完全统一，实现中华民族的伟大复兴，是毛泽东同志、邓小平同志和他们的战友们以及千百万革命先烈的伟大理想。我们对毛泽东同志的最好纪念，就是把老一辈革命家历经千辛万苦开创的伟大事业继续推向前进，把实现中华民族伟大复兴的史诗继续谱写下去。这是历史赋予我们的神圣使命。

발음 연습 2-2

zhōnggòng zhōngyāng zǒngshūjì、guójiā zhǔxí Hú Jǐntāo fābiǎo zhòngyào jiǎnghuà qiángdiào, shíxiàn guójiā dė xiàndàihuà, shíxiàn zǔguó dė wánquán tǒngyī, shíxiàn zhōnghuá mínzú dė wěidà fùxīng, shì Máo Zédōng tóngzhì、Dèng Xiǎopíng tóngzhì hé tāmėn dė zhànyǒumėn yǐjí qiānbǎiwàn gémìng xiānliè dė wěidà lǐxiǎng。wǒmėn duì Máo Zédōng tóngzhì dė zuì hǎo jìniàn, jiù shì bǎ lǎoyíbèi gémìngjiā lìjīng qiānxīnwànkǔ kāichuàng dė wěidà shìyè jìxù tuīxiàng qiánjìn, bǎ shíxiàn zhōnghuá mínzú wěidà fùxīng dė shǐshī jìxù pǔxiě xiàqù。zhè shì lìshǐ fùyú wǒmėn dė shénshèng shǐmìng。

단어 정리

讲话(jiǎnghuà) : 담화, 연설. 이야기하다, 말하다, 발언하다.
千百万(qiānbǎiwàn) : 수천 수백 만. → 많은, 다수, 숱한.
老一辈(lǎoyíbèi) : 구세대, 전 세대.
历经(lìjīng) : 두루 …경험하다, 여러 번 …겪다.
千辛万苦(qiānxīnwànkǔ) : 천신만고, 온갖 노고.
开创(kāichuàng) : 창립하다, 창업하다, 창설하다.
推向(tuīxiàng) : 끌어올리다.
史诗(shǐshī) : 서사시(敍事詩), 사시(史詩).
谱写(pǔxiě) : 작곡하다, 창작하다. 새로운 장을 열다, 아로새기다, 짓다.
赋予(fùyú) : 부여하다, 주다.
神圣(shénshèng) : 신성하다, 성스럽다.

번 역 2-3

중공 중앙 총서기·국가주석인 후 진 타오는 중요 담화를 발표하여 다음과 같이 강조하였다. 즉, 국가의 현대화를 실현하고, 조국의 완전한 통일을 실현하고, 중화 민족의 위대한 부흥을 실현하는 것이 마오 저 뚱 동지와 떵 샤오 핑 동지 및 그들의 전우들 그리고 무수한 혁명 선열의 위대한 이상이다. 마오 저 뚱 동지에 대한 우리의 가장 좋은 기념은 바로 구세대 혁명가들이 천신만고를 겪어서 창업한 위대한 사업을 계속하여 앞으로 전진시키고, 중화 민족의 위대한 부흥을 실현하는 서사시를 계속해서 써 내려가는 것이다. 이것은 역사가 우리에게 부여한 신성한 사명이다.

본 문 3-1

中共中央政治局常委吴邦国、温家宝、贾庆林、黄菊、吴官正、李长春、罗干出席座谈会，座谈会由中共中央政治局常委、国家副主席曾庆红主持。胡锦涛在讲话中回顾了毛泽东同志一生的丰功伟绩，总结了以毛泽东同志为主要代表的中国共产党人对中国革命和建设作出的卓越贡献。

발음 연습 3-2

zhōnggòng zhōngyāng zhèngzhìjú chángwěi Wú Bāngguó、Wēn Jiābǎo、Jiǎ Qìnglín、Huáng Jú、Wú Guānzhèng、Lǐ Chángchūn、Luó Gān chūxí zuòtánhuì, zuòtánhuì yóu zhōnggòng zhōngyāng zhèngzhìjú chángwěi、guójiā fùzhǔxí Zēng Qìnghóng zhǔchí。Hú Jǐntāo zài jiǎnghuà zhōng huígù lė Máo Zédōng tóngzhì yìshēng dė fēnggōngwěijì, zǒngjié lė yǐ Máo Zédōng tóngzhì wéi zhǔyào dàibiǎo dė zhōngguó gòngchǎndǎng rén duì zhōngguó gémìng hé jiànshè zuòchū dė zhuóyuè gòngxiàn。

단어 정리

常委(chángwěi) : 상무위원회(常務委員會) 혹은 상무위원의 약칭.

主持(zhǔchí) : 주관하다, 책임지고 집행하다, 주재하다. 주장하다, 옹호하다, 수호하다.

回顾(huígù) : 회고하다, 돌이켜보다.

丰功伟绩(fēnggōngwěijì) : 위대한 공적.
 丰伟(fēngwěi) : (몸집이)크다. 건장하다. 비대하다.
 功绩(gōngjì) : 공적, 수훈.

总结(zǒngjié) : 총결산(하다), 총괄(하다), 총화(하다).
 ↔ 小结(xiǎojié) : 중간 결산(하다), 부분적인 결론(을 짓다).

作出(zuòchū) : (구체적으로)하다, 만들어내다, 해내다. 作出贡献 : 공헌을 하다. 作出结论 : 결론을 내다.

卓越(zhuóyuè) : 탁월하다.

번역 3-3

중공 중앙 정치국 상무위원인 우 빵 궈·원 자 바오·쟈 칭 린·황 쥐·우 꽌 쩡·리 창 춘·뤄 깐이 좌담회에 출석하였고, 좌담회는 중공 중앙 정치국 상무위원·국가부주석인 정 칭 홍이 주재하였다. 후 진 타오는 담화에서 마오 저 뚱 동지 일생의 위대한 공적을 회고하면서, 마오 저 뚱 동지를 주요 대표로 하는 중국 공산당 당원의 중국 혁명과 건설에 대한 탁월한 공헌을 총결산하였다.

MEMO

본문 4-1

胡锦涛指出，在革命和建设的长期实践中，以毛泽东同志为主要代表的中国共产党人， 努力推进马克思主义的中国化，形成了具有鲜明中国特点的科学指导思想，这就是毛泽东思想。 毛泽东思想是马克思列宁主义在中国的创造性运用和发展， 是被实践证明了的关于中国革命和建设的正确的理论原则和经验总结，是中国共产党集体智慧的结晶。在任何时候任何情况下， 我们都要始终高举毛泽东思想的伟大旗帜。

발음 연습 4-2

Hú Jǐntāo zhǐchū, zài gémìng hé jiànshè dė chángqī shíjiàn zhōng, yǐ Máo Zédōng tóngzhì wéi zhǔyào dàibiǎo dė zhōngguó gòngchǎndǎng rén, nǔlì tuījìn Mǎkèsī zhǔyì dė zhōngguóhuà, xíngchéng lė jùyǒu xiānmíng zhōngguó tèdiǎn dė kēxué zhǐdǎo sīxiǎng, zhè jiù shì Máo Zédōng sīxiǎng。Máo Zédōng sīxiǎng shì Mǎkèsī Lièníng zhǔyì zài zhōngguó dė chuàngzàoxìng yùnyòng hé fāzhǎn, shì bèi shíjiàn zhèngmíng lė dė guānyú zhōngguó gémìng hé jiànshè dė zhèngquè dė lǐlùn yuánzé hé jīngyàn zǒngjié, shì zhōngguó gòngchǎndǎng jítǐ zhìhuì dė jiéjīng。zài rènhé shíhòu rènhé qíngkuàng xià, wǒmėn dōu yào shǐzhōng gāojǔ Máo Zédōng sīxiǎng dė wěidà qízhì。

단어 정리

指出(zhǐchū) : 지적하다, 가리키다.
推进(tuījìn) : 추진하다(시키다). 밀고 나가다.
列宁主义(lièníng zhǔyì) : 레닌주의Leninism.
集体(jítǐ) : 집단, 단체. 집단 소유제. 집단 소유제 기관(단위).
始终(shǐzhōng) : [부] 언제나, 늘, 처음부터 한결같이. 결국, 끝내. [명] 시종, 시말, 처음과 끝.
高举(gāojǔ) : 높이 들다, 추켜들다.
旗帜(qízhì) : 기치, 대표적인 혹은 호소력 있는 사상 · 학술 또는 정치 역량. 깃발. 모범.
旗帜鲜明 : 정치적 태도가 분명하다.

번역 4-3

후 진 타오는 다음과 같이 지적했다. 혁명과 건설의 장기적 실천 중에서 마오 저 뚱 동지를 주요 대표로 하는 중국공산당 당원은 맑스주의의 중국화를 열심히 추진하고, 선명한 중국적 특징을 지닌 과학적 지도사상을 형성하였으며, 이것이 바로 마오 저 뚱 사상이다. 마오 저 뚱 사상은 맑스 · 레닌주의의 중국에서의 창조적 운용과 발전이고, 실천에 의해 증명된 중국 혁명과 건설에 관한 정확한 이론 원칙과 경험의 총결산이며, 중국공산당 집단 지혜의 결정체이다. 모든 시기와 모든 상황 하에서 우리 모두는 마오 저 뚱 사상의 위대한 기치를 언제나 높이 들어야 한다.

본문 5-1

胡锦涛在讲话中阐述了以邓小平同志为核心的党的第二代中央领导集体和以江泽民同志为核心的党的第三代中央领导集体继承、丰富和发展毛泽东思想，创 立邓小平理论和“三个代表”重要思想的重大意义，强调我们要坚持走邓小平同志开辟的、 以江泽民同志为核心的党的第三代中央领导集体坚持并发展了的中国特色社会主义道路。

발음 연습 5-2

Hú Jǐntāo zài jiǎnghuà zhōng chǎnshù lė yǐ Dèng Xiǎopíng tóngzhì wéi héxīn dė dǎng dė dìèr dài zhōngyāng lǐngdǎo jítǐ hé yǐ Jiāng Zémín tóngzhì wéi héxīn dė dǎng dė dìsān dài zhōngyāng lǐngdǎo jítǐ jìchéng、fēngfù hé fāzhǎn Máo Zédōng sīxiǎng, chuànglì Dèng Xiǎopíng lǐlùn hé “sāngė dàibiǎo” zhòngyào sīxiǎng dė zhòngdà yìyì, qiángdiào wǒmėn yào jiānchí zǒu Dèng Xiǎopíng tóngzhì kāipì dė、yǐ Jiāng Zémín tóngzhì wéi héxīn dė dǎng dė dìsān dài zhōngyāng lǐngdǎo jítǐ jiānchí bìng fāzhǎn lė dė zhōngguó tèsè shèhuìzhǔyì dàolù。

단어 정리

阐述(chǎnshù) : (비교적 심오한 문제를)명백히 논술하다.

丰富(fēngfù) : 풍부하다, 많다. 풍부하게 하다, 넉넉하게 하다, (내용을)높이다.

三个代表(sānge dàibiǎo)重要思想(zhòngyào sīxiǎng) : 쟝 저 민(江泽民)의 주요 통치 이념으로, 중국 공산당이 개혁 개방 이후 변화하는 중국 사회에서 필히 담당해야 할 역할을 강조하고 있다.
1) 중국공산당은 선진적 생산력의 발전 요구를 대표해야 한다.
2) 중국공산당은 선진적 문화의 전진 방향을 대표해야 한다.
3) 중국공산당은 가장 많은 국민의 근본 이익을 대표해야 한다.

开辟(kāipì) : (길을)열다, 창립하다. 개척하다. (천지)개벽 = 开天辟地(kāitiānpìdì).

中国特色社会主义(zhōngguó)(tèsè)(shèhuìzhǔyì) : 중국 특색의 사회주의 → 중국적 사회주의.

번 역 5-3

후 진 타오는 담화에서 덩 샤오 핑 동지를 핵심으로 하는 당의 제2세대 중앙 지도자 집단과 쟝 저 민 동지를 핵심으로 하는 당의 제3세대 중앙 지도자 집단이 마오 저 똥 사상을 계승하고 풍요롭게 하고 발전시키고 덩 샤오 핑 이론과 "3개 대표" 중요 사상을 창립한 중대한 의의를 명백히 논하며, 우리는 덩 샤오 핑 동지가 개척하고 쟝 저 민 동지를 핵심으로 하는 당의 제3세대 중앙 지도자 집단이 견지하고 발전시킨 중국적 사회주의 노선을 견지해 나아가야 한다고 강조하였다.

MEMO

본문 6-1

胡锦涛指出，毛泽东思想、邓小平理论和“三个代表”重要思想，都代表着最广大人民的根本利益，是我们党在长期实践中形成的一脉相承而又与时俱进的科学思想体系，是我们党必须长期坚持的指导思想。

발음 연습 6-2

Hú Jǐntāo zhǐchū, Máo Zédōng sīxiǎng、Dèng Xiǎopíng lǐlùn hé “sāngė dàibiǎo” zhòngyào sīxiǎng, dōu dàibiǎozhe zuì guǎngdà rénmín dė gēnběn lìyì, shì wǒmėn dǎng zài chángqī shíjiàn zhōng xíngchéng dė yímàixiāngchéng ér yòu yǔshíjùjìn dė kēxué sīxiǎng tǐxì, shì wǒmėn dǎng bìxū chángqī jiānchí dė zhǐdǎo sīxiǎng。

단어 정리

广大(guǎngdà) : (사람 수가)많다. (면적이)넓다. (규모가)크다.

一脉相承(yímàixiāngchéng) = 一脉相传(chuán) : 한 계통으로 이어 내려오다, 일맥상통(一脉相通)하다.

与时俱进(yǔshíjùjìn) : 시대와 함께 병진(竝进)하다.
与(yǔ) : [개사] …와. …함께. 时(shí) : 시대, 시기. 기회. 俱(jù) : 모두, 전부, 다.

번역 6-3

후 진 타오는 마오 저 뚱 사상과 덩 샤오 핑 이론 및 "3개 대표" 중요 사상이 모두 가장 많은 국민의 근본 이익을 대표하고 있고, 우리 당이 장기적인 실천 중에서 형성한 것과 일맥상통하고 또한 시대와 함께 병진하는 과학적 사상 체계이며, 우리 당이 반드시 장기적으로 견지해야 하는 지도사상이라고 지적하였다.**

http://news.xinhuanet.com/newscenter/2003-12/26/content_1250047.htm

MEMO

9 문화:
중국 지방 방언

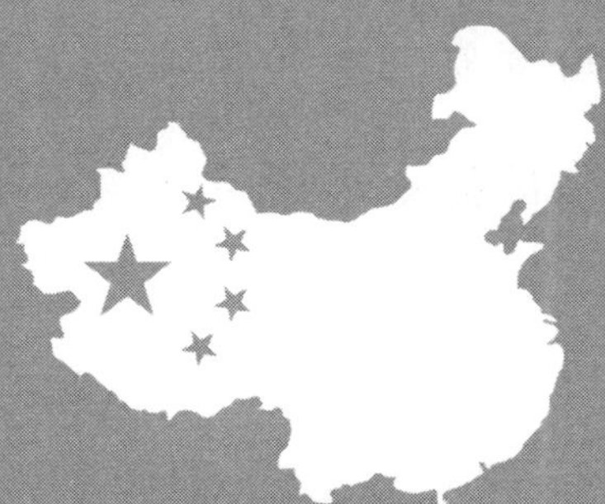

China

본문 1-1

方言，情景剧里的笑话还是难舍的乡愁？

国家广电总局日前下发通知， 要求停播地方方言译制的境外广播电视节目。通知说，近来，一些广播电视播出机构播出了用地方方言译制的境外广播电视节目， 有违广播电视推广使用普通话的重要任务和使命。通知要求，各级广播电视播出机构一律不得播出用地方方言译制的境外广播电视节目。

발음 연습 1-2

fāngyán, qíngjǐngjù li dė xiàohuà háishì nánshě dė xiāngchóu?

guójiā guǎngdiàn zǒngjú rìqián xiàfā tōngzhī, yàoqiú tíngbō dìfāng fāngyán yìzhì dė jìngwài guǎngbō diànshì jiémù。tōngzhī shuō, jìnlái, yìxiē guǎngbō diànshì bōchū jīgòu bōchū lė yòng dìfāng fāngyán yìzhì dė jìngwài guǎngbō diànshì jiémù, yǒu wéi guǎngbō diànshì tuīguǎng shǐyòng pǔtōnghuà dė zhòngyào rènwu hé shǐmìng。tōngzhī yàoqiú, gèjí guǎngbō diànshì bōchū jīgòu yílǜ bùdé bōchū yòng dìfāng fāngyán yìzhì dė jìngwài guǎngbō diànshì jiémù。

단어 정리

情景剧 : 상황극, 시추에이션 드라마(situation drama).
  情景(qíngjǐng) : 情境(qíngjìng), 상황, 정경, 광경, 처지, situation. (작가의)감정과 (묘사된)경치.
  剧(jù) : 연극. 드라마.

笑话(xiàohuà) : 우스갯소리. 우스운 이야기. 웃음거리. 비웃다, 조롱하다.

难舍(nánshě) : 떨어지기 어렵다. 아쉬워 버릴 수 없다.
  难舍难分(nánshěnánfēn) : 연연해하며 헤어지기 싫어하다. 차마 떨어지지 못하다.

乡愁(xiāngchóu) : 향수 = 怀乡病(huáixiāngbìng).

国家广电总局(guójiā guǎngdiàn zǒngjú) : 国家广播电影电视总局(The State Administrauion of Radio Film and Television, 국가 라디오 · 영화 · 텔레비전 총국)의 약칭.
  广播(guǎngbō) : 라디오(텔레비전) 방송. 방송하다.
  总局(zǒngjú) : 총국. ↔ 分局(fēnjú) : 분국. 지국.

日前(rìqián) : 일전, 며칠 전.

下发(xiàfā) : 아래로 보내다, (윗사람의 명령 · 결정을 아랫사람에게)하달하다. 发(fā) : 보내다, 발송하다.

停播(tíngbō) : 방송을 정지하다. 방송 중지.
  停(tíng) : 멈추다, 서다. 停止(tíngzhǐ) : 정지하다.
  播(bō) : 전파하다, 퍼뜨리다.

地方(dìfāng) : (중앙에 대해)지방. 그 지방, 그 곳.
  地方(dìfang) : 장소, 곳. 부분, 점.

译制(yìzhì) : 더빙(dubbing)(하다).

境外(jìngwài) : 경외. 국경 밖. 경계 밖. → 국외.

广播电视节目(guǎngbō diànshì jiémù) : 라디오 · 텔레비전 프로그램.

播出(bōchū) : = 播放(bōfàng) : 방송하다. 방영 · 상영하다.

违(wéi) : 어기다, 위반하다.

推广(tuīguǎng) : 널리 보급하다. 확대하다. 일반화하다.

普通话(pǔtōnghuà) : (현대 중국어의)표준어. 보통화. ↔ 方言(fāngyán) : 방언.

一律(yílǜ) : 일률적이다, 한결같다. 일률적으로, 예외없이, 모두.

不得(bùdé) : (…해서는)안 된다. 할 수가 없다.

번 역 1-3

방언, 상황극에서의 우스갯소리인가 아니면 아쉬워 버릴 수 없는 향수인가?

국가 라디오 · 영화 · 텔레비전 총국은 지방 방언으로 더빙한 외국 라디오 · 텔레비전 프로그램의 방송 중지를 요청하는 통지를 며칠 전에 하달하였다. 이 통지는 최근 일부 라디오 · 텔레비전 방송 기구가 지방 방언으로 더빙한 외국 라디오 · 텔레비전 프로그램을 방송하여, 라디오 · 텔레비전이 표준어의 사용을 널리 보급해야 하는 중요 임무와 사명을 위반하였다고 지적하였다. 통지는 각급 라디오 · 텔레비전 방송 기구가 지방 방언으로 더빙한 외국 라디오 · 텔레비전 프로그램을 방송해서는 예외없이 안 된다고 요구하였다.

MEMO

MEMO

본문 2-1

一石激起千层浪, 专家、音像制作人、网友对此褒贬不一, 其中反对者居多, 还有人由此引发出“方言将要被消灭”的担心。其实, 关于方言与普通话, 曾经引起过众多的争论, 因为方言往往是本土文化的载体, 于是“规范是否伤害多元的质疑”屡屡被提及。

발음 연습 2-2

yì shí jīqǐ qiān céng làng, zhuānjiā、yīnxiàng zhìzuòrén、wǎngyǒu duì cǐ bāobiǎn bùyī, qízhōng fǎnduìzhě jūduō, hái yǒurén yóu cǐ yǐnfāchu “fāngyán jiāng yào bèi xiāomiè” dė dānxīn。qíshí, guānyú fāngyán yǔ pǔtōnghuà, céngjīng yǐnqǐguo zhòngduō dė zhēnglùn, yīnwéi fāngyán wǎngwǎng shì běntǔ wénhuà dė zàitǐ, yúshì “guīfàn shìfǒu shānghài duōyuán dė zhìyí” lǚlǚ bèi tíjí。

단어 정리

一石激起千层浪(yì shí jīqǐ qiān céng làng) : 돌 하나가 많은 물결을 야기하다.

激起(jīqǐ) : (자극 · 충격을 주어)야기하다, 불러일으키다.
层(céng) : 층, 겹. 千层 : 천 겹 → 많은.
浪(làng) : 물결, 파도.

音像(yīnxiàng) : 음향 · 영상. 녹음과 녹화(설비). 녹음 · 비디오테이프.
音像教材(jiàocái) : 음향 · 영상 교재.

网友(wǎngyǒu) : 누리꾼, 네티즌. 넷 프렌드(net friend).

褒贬(bāobiǎn) : 좋고 나쁨을 평(가)하다. 不加褒贬 : 아무 논평도 하지 않다.
褒贬(bāobian) : 비난하다. 결점을 지적하다.

不一(bùyī) : 같지 않다. 일치하지 않다. 한 가지가 아니다. [서술어에만 쓰이고, 수식어로는 안 쓰임].

居多(jūduō) : 다수를 차지하다.

引发(yǐnfā) : (감정 · 병 · 폭발을)일으키다, 야기시키다, 자아내다. 기폭.

担心(dānxīn) : 염려 · 걱정(하다).

引起(yǐnqǐ) : (사건 등을)일으키다. 야기하다. (주의를)끌다.

众多(zhòngduō) : 매우 많다.

争论(zhēnglùn) : 논쟁 · 쟁론(하다).

往往(wǎngwǎng) : 왕왕, 늘, 항상, 흔히. 때때로, 이따금.
往往 : 과거 경험상의 행태를 나타냄.
常常(chángcháng) : 미래 혹은 소망을 나타낼 때 사용함. 希望你以后常常来看我.

载体(zàitǐ) : 캐리어(carrier), 전달자, 나르는 사람(것), 운반자, 배달자.

规范(guīfàn) : 규정, 본보기, 규범. 규범에 맞다.

质疑(zhìyí) : 질의하다.

屡屡(lǚlǚ) : = 屡次(lǚcì) : 자주, 누차, 여러 번, 여러 차례.

提及(tíjí) : = 提到(tídào) : 언급하다.

번역 2-3

돌 하나가 많은 물결을 야기하듯, 전문가 · 음향 영상 제작자 · 네티즌은 이에 대한 논평이 똑같지 않고, 그 중에서 반대자가 많으며, 또 어떤 사람은 이로부터 "방언이 장차 소멸될 것이다"라는 염려를 야기시켰다. 사실 방언과 표준어에 관하여 많은 논쟁이 이미 야기되었고, 방언은 늘 본토 문화의 전달자이었기 때문에, 그래서 "규범이 다원성을 해치지 않을까 하는 질문"이 누차 언급되었다.

본 문 3-1

○历史的渊源：纷繁复杂的方言是中华文化特性。

中国是一个多民族、多语言、多方言的发展中国家，共有80余种民族语言，30余种文字，以民族语言为依托的各民族文化源远流长， 异彩纷呈， 形成了多元统一的中华文化特性。同时，拥有10多亿人口的汉民族，由于地域、经济社会发展局限等多方面原因，也形成了种类多样，纷繁复杂的地方方言，有粤、闽、吴、湘、赣、客家、北方、西南等大的方言区域，还有许多种次方言和数不清的地方土语。

발음 연습 3-2

○lìshǐ dė yuānyuán：fēnfán fùzá dė fāngyán shì zhōnghuá wénhuà tèxìng。

zhōngguó shì yígė duō mínzú、duō yǔyán、duō fāngyán dė fāzhǎnzhōng guójiā，gòng yǒu bāshí yú zhǒng mínzú yǔyán，sānshí yú zhǒng wénzì，yǐ mínzú yǔyán wéi yītuō dė gè mínzú wénhuà yuányuǎnliúcháng，yìcǎifēnchéng，xíngchéng lė duōyuán tǒngyī dė zhōnghuá wénhuà tèxìng。tóngshí, yōngyǒu shí duō yì rénkǒu dė hàn mínzú, yóuyú dìyù、jīngjì shèhuì fāzhǎn júxiàn děng duō fāngmiàn yuányīn, yě xíngchéng lė zhǒnglèi duōyàng, fēnfán fùzá dė dìfāng fāngyán, yǒu yuè、mǐn、wú、xiāng、gàn、kèjiā、běifāng、xīnán děng dàdė fāngyán qūyù, hái yǒu xǔduō zhǒng cìfāngyán hé shǔbuqīng dė dìfāng tǔyǔ。

단어 정리

渊源(yuānyuán) : 연원, 사물의 근원. 유래하다.

纷繁(fēnfán) : 많고 복잡하다, 번잡하다.
→ 纷繁复杂(fùzá) : 많고 복잡하다.

依托(yītuō) : 근거, 의지(할 곳), 지주. 의지 · 의뢰하다, 기대다.

源远流长(yuányuǎnliúcháng) : 역사가 유구하다, 아득히 멀고 오래다.

异彩纷呈(yìcǎifēnchéng) : 특색이 잇달아 드러나다.
异彩 : 이채, 특별한 광채 → 특색. 大放异彩 : 크게 이채를 띠다, 뛰어나게 빛을 내다.
纷呈 : (색깔이나 어떤 유파가)잇달아 드러나다.

局限(júxiàn) : 국한 · 한정(하다).

粤(yuè) : 광동성(广东省, guǎngdōng shěng)과 광서성(广西省, guǎngxī shěng). 광동성의 별칭.

闽(mǐn) : 복건성(福建省, fújiàn shěng)의 별칭.

吴(wú) : 강소성(江苏省, jiāngsū shěng) 남부와 절강성(浙江省, zhèjiāng shěng) 북부 일대. 강소성 소주(苏州, sūzhōu)시의 별칭.

湘(xiāng) : 호남성(湖南省, húnán shěng)의 별칭.

赣(gàn) : 강서성(江西省, jiāngxī shěng)의 별칭.

客家(kèjiā) : 객가(한족의 한 종족으로 황화 유역에서 점차 남부지방으로 이동하여, 지금은 광동 · 복건 · 광서 · 강서 · 호남 · 대만 등에 흩어져 거주함).

次方言(cìfāngyán) : 차방언. 중국의 방언은 한족의 지방 방언을 칭하며, 한족 중심의 중국인 사이에도 통역이 필요할 정도의 방언으로는 8대 방언이 있다. 이에는 1) 북방(北方)방언, 2) 오(吴)방언, 3) 상

(湘)방언, 4) 공(赣)방언, 5) 객가(客家)방언, 6) 민(闽)방언, 7) 월(粤)방언, 8) 서남(西南)방언이 있다. 이와 같은 8대 방언 아래에 차방언이 있고, 차방언은 대체로 의사소통이 가능하나 지방적 특성이 가미된 방언으로, 한국에서 말하는 방언이 이에 해당한다. 예로 북방방언의 차방언으로는 1) 화북 · 동북 방언, 2) 서북 방언, 3) 서남 방언, 4) 강취 방언이 있다.

数不清(shǔbuqīng) : (너무 많아)확실하게 셀 수 없다. 이루 다 헤아릴 수 없다. 셀 수 없을 정도로 많다.

土语(tǔyǔ) : = 土话(tǔhuà) : 토어, 본토박이 말. (비교적)좁은 지역의 방언.

번역 3-3

ㅇ역사의 연원: 많고 복잡한 방언은 중화 문화의 특성이다.

중국은 다민족 · 여러 언어 · 여러 방언의 개발도상국으로, 모두 80여 종의 민족 언어와 30여 종의 문자가 있으며, 민족 언어에 의탁한 각 민족 문화의 역사가 유구하고, 특색이 잇달아 드러나, 다원적이고 통일적인 중화 문화 특성을 형성하였다. 동시에 10억 이상의 인구를 소유한 한족은 지역과 경제 · 사회 발전의 국한 등 여러 방면의 원인으로 인해, 또한 종류가 다양하고 복잡한 지방 방언을 형성하여, 월 · 민 · 오 · 상 · 공 · 객가 · 북방 · 서남 등 대방언 지역이 있으며, 또한 허다한 종류의 차방언과 숱한 지방 토어가 있다.

MEMO

MEMO

본 문 4-1

语言里最鲜活的成分还是蕴涵在方言当中。 无论是从情感还是文化传承方面讲，说方言，学方言，懂方言，都是乡土文化传承的重要内容。 方言是历史留给每个人的珍贵遗产，是本土文化积累之后注入每个人灵魂深处的信息。 无论现代文明如何洗礼，乡音的基本信息永远丢不了。由于方言的众多， 也容易造成很多交际上的困扰， 甚至会产生一些笑话。

발음 연습 4-2

yǔyán li zuì xiānhuó dė chéngfēn hái shì yùnhán zài fāngyán dāngzhōng。wúlùn shì cóng qínggǎn háishì wénhuà chuánchéng fāngmiàn jiǎng, shuō fāngyán, xué fāngyán, dǒng fāngyán, dōu shì xiāngtǔ wénhuà chuánchéng dė zhòngyào nèiróng。fāngyán shì lìshǐ liúgěi měigè rén dė zhēnguì yíchǎn, shì běntǔ wénhuà jīlèi zhīhòu zhùrù měigè rén línghún shēnchù dė xìnxī。wúlùn xiàndài wénmíng rúhé xǐlǐ, xiāngyīn dė jīběn xìnxī yǒngyuǎn diūbuliǎo。yóuyú fāngyán dė zhòngduō, yě róngyì zàochéng hěnduō jiāojìshang dė kùnrǎo, shènzhì huì chǎnshēng yìxiē xiàohuà。

단어 정리

鲜活(xiānhuó) : (색이)선명하고 윤기 있다. 싱싱 · 신선 · 생생하다.

还(hái) : 역시, 과연.(어기를 강조함). 还是机器的效力大 : 과연 기계의 힘이 크군!

无论(wúlùn) : …에도 불구하고(물론하고, 막론하고), …에 관계없이.

还是(háishi) : 1) [접] 또는, 아니면(의문문에서 선택을 나타냄).
2) [부] 아직도, 여전히.
尽管今天风狂雨大, 他们还是照常出工 : 오늘 비바람이 거세지만, 그들은 여전히 평상대로 일하러 나간다.
3) [부] "…하는 편이 (더) 좋다"를 의미함.
天气凉了, 还是多穿点儿吧 : 날씨가 차졌으니, 옷을 좀 더 입는 것이 좋겠다.

蕴涵(yùnhán) : 포함 · 내포하다. 내포, 함의.

情感(qínggǎn) : 정감, 감정, 느낌.

乡土(xiāngtǔ) : 향토, 고향. 乡土风味(fēngwèi) : 토속적 색채. 고향의 맛.

每个(儿)(měigè)(r) : 하나하나. 每个学生 : 학생마다. 每个人 : 사람마다.

积累(jīlěi) : 쌓이다, 누적 · 축적(하다). 적립금.

注入(zhùrù) : 주입하다, 부어 놓다. 유입하다, 흘러 들어가다. 长江注入东海 : 장강은 동해로 유입한다.

信息(xìnxī) : 정보. 소식, 뉴스.

洗礼(xǐlǐ) : 세례(하다).

乡音(xiāngyīn) : 고향 말씨, 시골 말투, 지방 사투리.

丢不了(diūbuliǎo) : 잃어버릴 수가 없다.
…不了(buliǎo) : [동사나 형용사 뒤에서, 동작을 완료 · 완결시킬 수 없음을 나타냄]
다 …해낼 수 없다, …할 수(가) 없다. 吃不了 : (많아서)다 먹을 수 없다.
受不了 : 견디어낼 수 없다. 忘不了 : 잊을 수 없다.
晴不了 : (날씨가)갤 수가 없다. 少不了 : 빠질 수 없다. 없게 할 수 없다.

困扰(kùnrǎo) : 혼란, 괴롭힘, 성가심. 괴롭히다, 곤혹케 하다, 귀찮게 굴다.

번 역 4-3

언어에서 가장 생생한 성분은 역시 방언 속에 내포되어 있다. 정감 아니면 문화 전승의 방면에서 말하는 것을 막론하고, 방언을 말하고 · 배우고 · 이해하는 것은 모두 향토 문화 전승의 중요 내용이다. 방언은 역사가 모든 사람에게 남겨준 진귀한 유산이고, 본토 문화가 축적된 이후 모든 사람의 영혼 깊은 곳에 주입된 정보이다. 현대 문명이 어떻게 세례를 한다 해도, 시골 말투의 기본적인 정보는 영원히 잃어버릴 수 없다. 방언의 다양함으로 인해, 또한 많은 교제상의 혼란을 쉽게 조성하고, 심지어 일부 우스갯소리를 만들 수 있다.

MEMO

MEMO

본 문 5-1

○方言的价值：为何在流行文化里沦为逗乐的工具?

方言，是中国多元化地域文化的承载者，是中国民间思想最朴素的表现形式，　也是含义最丰富最深刻的语态。自从1955年10月中国开始推广普通话，　方言的话语权逐步被削弱。在之后的城市化进程中，　方言被打上了浓重的乡村烙印，甚至成了搞笑的工具。似乎方言只有在成为“笑话”的时候，才能牵动起生命的脉搏。

발음 연습 5-2

○fāngyán dė jiàzhí : wèihé zài liúxíng wénhuà li lúnwéi dòulè dė gōngjù?

fāngyán, shì zhōngguó duōyuánhuà dìyù wénhuà dė chéngzàizhě, shì zhōngguó mínjiān sīxiǎng zuì pǔsù dė biǎoxiàn xíngshì, yě shì hányì zuì fēngfù zuì shēnkè dė yǔtài。 zìcóng yī jiǔ wǔ wǔ nián shí yuè zhōngguó kāishǐ tuīguǎng pǔtōnghuà, fāngyán dė huàyǔquán zhúbù bèi xuēruò。 zài zhīhòu dė chéngshìhuà jìnchéng zhōng, fāngyán bèi dǎshàng lė nóngzhòng dė xiāngcūn làoyìn, shènzhì chéng lė gǎoxiào dė gōngjù。sìhu fāngyán zhǐyǒu zài chéngwéi "xiàohuà" dė shíhòu, cái néng qiāndòngqǐ shēngmìng dė màibó。

단어 정리

沦为(lúnwéi)… : …(으로)전락하다.

逗乐(dòulè) : 웃기다. = 逗乐儿(r) → 逗笑(dòuxiào)儿(r).

承载(chéngzài) : 적재 중량을 견디다. 承载能力 : 적재 능력.
→ 承载者(chéngzàizhě) : 적재하는 것(곳), 적재함(積載函).

朴素(pǔsù) : (색깔 · 모양이)소박 · 질박하다, 화려하지 않다. (생활이)검소하다. (감정에)꾸밈이 없다.

含义(hányì) : 내용, 내포된 뜻, 개념.

语态(yǔtài) : 언어 형태. 태(態). 主动(zhǔdòng)语态 : 능동태. 被动(bèidòng)语态 : 수동태.
态 : 모양, 형태, 생김새. 태도, 모습. 태.

话语(huàyǔ) : 말. 언사. 문구. 他话语不多 : 그는 말이 많지 않다. 合同上的话语 : 계약서 상의 문구.
→ 话语权(huàyǔquán) : 언어적 권한.

削弱(xuēruò) : 약화시키다. 약화되다. 약하게 하다.

打(dǎ) : 새기다, 그리다, 찍다, 긋다.
打手印(dǎshǒuyìn) = 打手指模(dǎshǒuzhǐmó)=打拇印(dǎmǔyìn) : 지장을 찍다, 지문을 찍다.
打蜡(dǎlà) : 밀랍을 먹이다, 초를 먹이다. 打墨线(dǎmòxiàn) : 묵선을 긋다.

浓重(nóngzhòng) : 농후하다, 짙다.

乡村(xiāngcūn) : 농촌, 시골, 촌.

烙印(làoyìn) : 낙인(찍다).

搞笑(gǎoxiào) : 웃기다.

似乎(sìhu) : 마치 (…인 것 같다 · 듯하다).

牵动(qiāndòng) : (일부의 변화가 다른 부분에)영향을 미치다. 촉발하다, (어떤 느낌이)일어나다.

起(qǐ) : [다른 동사 뒤에 붙어 동작의 개시를 나타내는 보어 역할] (…하기)시작하다.

脉搏(màibó) : 맥박. 변화 상태나 상황.

번역 5-3

○방언의 가치: 왜 유행 문화에서 웃기는 도구로 전락하는가?

방언은 중국 다원화 지역 문화의 적재함이고, 중국 민간 사상의 가장 소박한 표현 형식이며, 또한 내용이 가장 풍부하고 깊은 언어 형태이다. 1955년 10월부터 중국은 표준어를 널리 보급하기 시작하면서, 방언의 언어적 권한은 점차로 약화되었다. 그 후의 도시화 진행 과정에서 방언은 짙은 시골의 낙인이 찍혔고, 심지어 웃기는 도구로 되었다. 마치 방언은 오로지 우스갯소리가 될 때에만, 비로소 생명의 맥박에 영향을 주기 시작할 수 있는 것 같았다.

MEMO

MEMO

본 문 6-1

方言里有比普通话丰富得多的生活、情感用语, 在动作的细微区分、事物的性状描绘等方面都更具体。这是方言比普通话往往要生动幽默、有趣传神、在文艺表达里更受欢迎的原因。

발음 연습 6-2

fāngyán li yǒu bǐ pǔtōnghuà fēngfùdė duō dė shēnghuó、qínggǎn yòngyǔ, zài dòngzuò dė xìwēi qūfēn、shìwù dė xìngzhuàng miáohuì děng fāngmiàn dōu gēng jùtǐ。zhè shì fāngyán bǐ pǔtōnghuà wǎngwǎng yào shēngdòng yōumò、yǒuqù chuánshén、zài wényì biǎodá li gēng shòu huānyíng dė yuányīn。

단어 정리

细微(xìwēi) : 미세하다, 자잘하다. 작은 일, 소사. 미천하다.

性状(xìngzhuàng) : 성상. (사람 · 사물의)성질과 형상.

描绘(miáohuì) : (생생하게)묘사하다. (그림같이)그려내다. 투사(透寫), 전사(轉寫), 트레이싱(tracing).
要(yào) : [조동]…을 (습관으로)하다. 他天天儿要走这条路 : 그는 매일 이 길을 다닌다.
生动(shēngdòng) : 생동감 있다, 생생하다.
幽默(yōumò) : 해학, 유머. 익살맞다, 익살스럽다.
有趣(yǒuqù) : 재미있다, 흥미있다.
传神(chuánshén) : (묘사가)생생하다, 핍진(逼真)하다(실물과 아주 비슷하다), 진수를 전하다.
文艺(wényì) : 문예. 문학과 예술의 총칭.

번역 6-3

방언에는 표준어보다 더 풍부한 생활적이고 정감 있는 용어가 있고, 동작의 미세한 구분 및 사물의 성상 묘사 등 방면에서 모두 더욱 구체적이다. 이것은 방언이 표준어보다 늘 생동감 있고 해학적이며, 재미있고 묘사가 생생하며, 문예적 표현에서 더 환영을 받는 이유이다. **

http://www.people.com.cn/GB/wenhua/27296/2953168.html

MEMO

10 사회:

조화사회의 건설

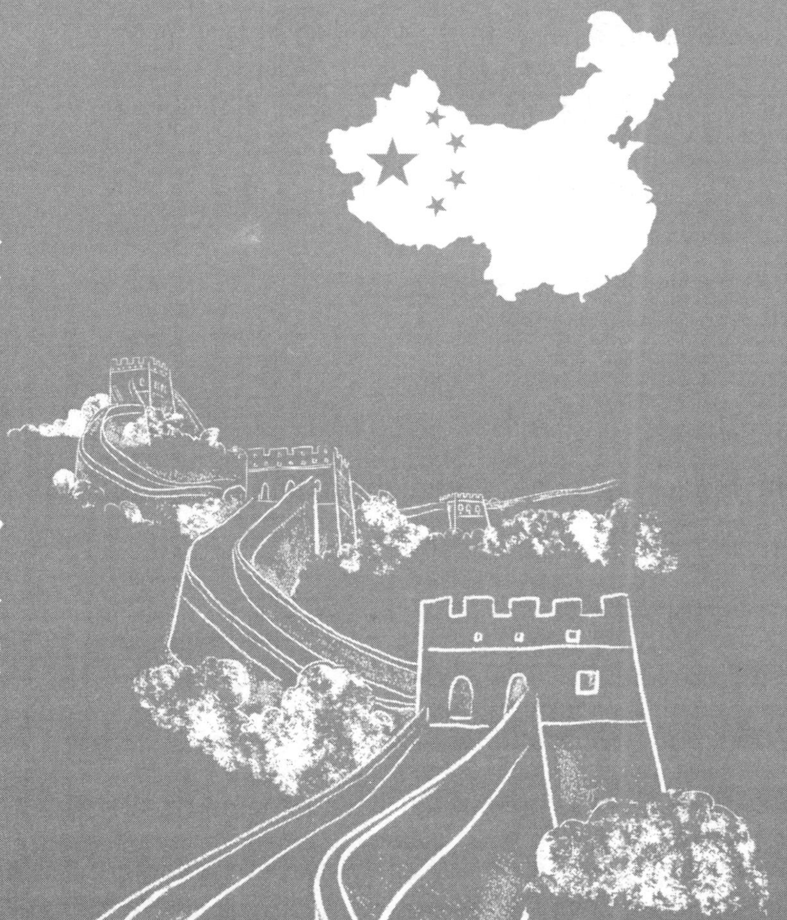

China

본 문 1-1 胡锦涛：建设社会主义和谐社会

胡锦涛表示，实现社会和谐，建设美好社会，始终是人类孜孜以求的一个社会理想， 也是包括中国共产党在内的马克思主义政党不懈追求的一个社会理想。 根据新世纪新阶段中国经济社会发展的新要求和社会出现的新趋势新特点，中国所要建设的社会主义和谐社会，应该是民主法治、公平正义、 诚信友爱、 充满活力、 安定有序、 人与自然和谐相处的社会。

발음 연습 1-2 Hú Jǐntāo : jiànshè shèhuìzhǔyì héxié shèhuì:

Hú Jǐntāo biǎoshì, shíxiàn shèhuì héxié, jiànshè měihǎo shèhuì, shǐzhōng shì rénlèi zīzīyǐqiú dė yígė shèhuì lǐx iǎng, yě shì baōkuò Zhōngguó Gòngchǎndǎng zài nèi dė mǎkèsīzhǔyì zhèngdǎng búxièzhuīqiú dė yígė shèhuì lǐxiǎng。gēnjù xīn shìjì xīn jiēduàn zhōngguó jīngjì shèhuì fāzhǎn dė xīn yàoqiú hé shèhuì chūxiàn dė xīn qūshì xīn tèdiǎn, zhōngguó suǒ yào jiànshè dė shèhuìzhǔyì héxié shèhuì, yīnggaī shì mínzhǔ fǎzh ì、gōngpíng zhèngyì、chéngxìn yǒuài、chōngmǎn huólì、 āndìng yǒuxù、rén yǔ zìrán héxié xiāngchǔ dė shèhuì。

단어 정리

和谐(héxié) : 조화롭다. 잘 어울리다. 这张画的颜色很和谐 : 이 그림의 색깔은 매우 잘 어울린다. 화목하다. 一家人很和谐地干着活儿 : 온 집안 사람이 매우 화목하게 일하고 있다.

始终(shǐzhōng) : 처음부터 한결같이, 언제나, 시종, 늘. 시말, 처음과 끝, 시종.

孜孜以求(zīzīyǐqiú) : 부지런히 추구 · 탐구하다.
孜(zī) : 부지런하다, 근면하다. 日夜孜孜(rìyèzīzī) : 늘 부지런하다.

不懈追求(búxièzhuīqiú) : 꾸준히 추구하다.
不懈(búxiè) : 게을리 하지 않다, 태만하지 않다. 不懈读书 : 꾸준히 공부하다.

诚信(chéngxìn) : 성실과 신용. 신용을 지키다.
诚心(chéngxīn) : 성심, 진심. 진(성)실하다. 고의로.

有序(yǒuxù) : 질서.

和谐相处(héxiéxiāngchǔ) : 조화롭게 · 화목하게 함께 살다. 相处(xiāngchǔ) : 함께 살다, 함께 지내다.

번역

1-3 후 진 타오 : 사회주의 조화사회의 건설

후 진 타오는, 사회 조화의 실현 및 아름다운 사회의 건설이 언제나 인류가 부지런히 추구한 사회 이상이고, 또한 중국공산당을 포함한 맑스주의 정당이 꾸준히 추구한 사회 이상이며, 그리고 신세기 · 새 단계의 중국 경제 사회 발전의 새로운 요구와 사회 출현의 새로운 추세 · 새로운 특징에 근거하여, 중국이 건설하려는 사회주의 조화사회는, 마땅히 민주 법치 · 공평 정의 · 성실 우애 · 활력 충만 · 안정 질서 · 사람과 자연이 조화롭게 함께 사는 사회이어야 한다고 표명하였다.

본 문 2-1

胡锦涛强调，构建社会主义和谐社会，同建设社会主义物质文明、政治文明、精神文明是有机统一的。要通过发展社会主义社会的生产力来不断增强和谐社会建设的物质基础，通过发展社会主义民主政治来不断加强和谐社会建设的政治保障，通过发展社会主义先进文化来不断巩固和谐社会建设的精神支撑，同时又通过和谐社会建设来为社会主义物质文明、政治文明、精神文明建设创造有利的社会条件。

발음 연습 2-2

Hú Jǐntāo qiángdiào, gòujiàn shèhuìzhǔyì héxié shèhuì, tóng jiànshè shèhuìzhǔyì wùzhì wénmíng、zhèngzhì wénmíng、jīngshén wénmíng shì yǒujī tǒngyī dė。yào tōngguò fāzhǎn shèhuìzhǔyì shèhuì dė shēngchǎnlì lái búduàn zēngqiáng héxié shèhuì jiànshè dė wùzhì jīchǔ, tōngguò fāzhǎn shèhuìzhǔyì mínzhǔ zhèngzhì lái búduàn jiāqiáng héxié shèhuì jiànshè dė zhèngzhì bǎozhàng, tōngguò fāzhǎn shèhuìzhǔyì xiānjìn wénhuà lái búduàn gǒnggù héxié shèhuì jiànshè dė jīngshén zhīcheng, tóngshí yòu tōngguò héxié shèhuì jiànshè lái wèi shèhuìzhǔyì wùzhì wénmíng、zhèngzhì wénmíng、jīngshén wénmíng jiànshè chuàngzào yǒulì dė shèhuì tiáojiàn。

단어 정리

构建(gòujiàn) : (추상적인 사물을)세우다, 수립하다.
有机(yǒujī) : 유기적인, 유기의.
来(lái) : [접사] 동사구조(개사구조)와 동사의 사이에 쓰여 방법 · 방향 · 태도 · 목적을 나타냄.
支撑(zhīcheng) : 지주, 버팀목, 버팀대. 버티다, 지탱하다. 힘써 견디다, 가까스로 견지하다.

번 역 2-3

후 진 타오는, 사회주의 조화사회의 수립이 사회주의 물질문명 · 정치문명 · 정신문명의 건설과 유기적으로 통일되며, 그리고 사회주의 사회 생산력의 발전을 통해 조화사회 건설의 물질적 기초를 부단히 증강시켜야 하고, 사회주의 민주정치의 발전을 통해 조화사회 건설의 정치적 보장을 부단히 강화해야 하고, 사회주의 선진문화의 발전을 통해 조화사회 건설의 정신적 지주를 부단히 공고히 해야 하며, 동시에 또한 조화사회의 건설을 통해 사회주의 물질문명 · 정치문명 · 정신문명의 건설을 위하여 유리한 사회적 조건을 창조해야 한다고 강조하였다.

본문 3-1

和谐社会的构建离不开发展。 世界上存在着不均衡发展和均衡发展两种模式，不均衡发展有利于提高效率，均衡发展有利于社会公平。面对当今实际，我们的战略需要由“不均衡”向“均衡”转变。 我国在改革开放初期，于资本和资源有限的情况下，借助不均衡发展，打破“大锅饭”，提高效率， 加快速度， 这是十分必要的。在邓小平提出的让少数人、少数地区先富起来的方针指引下，不均衡发展战略延续23年之久，为我国的经济社会的发展作出了巨大贡献。

발음 연습 3-2

héxié shèhuì dė gòujiàn líbukāi fāzhǎn。shìjiè shang cúnzài zhė bùjūnhéng fāzhǎn hé jūnhéng fāzhǎn liǎngzhǒng móshì, bùjūnhéng fāzhǎn yǒulìyú tígāo xiàolǜ, jūnhéng fāzhǎn yǒulìyú shèhuì gōngpíng。miànduì dāngjīn shíjì, wǒmėn dė zhànlüè xūyào yóu “bùjūnhéng” xiàng “jūnhéng” zhuǎnbiàn。wǒguó zài gǎigé kāifàng chūqī, yú zīběn hé zīyuán yǒuxiàn dė qíngkuàng xià, jièzhù bùjūnhéng fāzhǎn, dǎpò “dàguōfàn”, tígāo xiàolǜ, jiākuài sùdù, zhèshì shífēn bìyào dė。zài Dèng Xiǎopíng tíchū dė ràng shǎoshù rén、shǎoshù dìqū xiān fù qǐlái dė fāngzhēn zhǐyǐn xià, bùjūnhéng fāzhǎn zhànlüè yánxù èrshí sān nián zhī jiǔ, wèi wǒguó dė jīngjì shèhuì dė fāzhǎn zuòchū lė jùdà gòngxiàn。

단어 정리

模式(móshì) : 모형, 모델, 표준 양식, 유형, 패턴.

面对当今实际 : 지금의 현실에 직면하여.

当今(dāngjīn) : 현재, 지금.

实际(shíjì) : 실제. 理论不能脱离实际 : 이론은 실제를 떠나서는 안 된다.
실제적이다, 현실적이다. 这种想法很实际 : 이런 생각은 아주 현실적이다.
구체적이다. 实际工作 : 구체적인 일. 实际行动 : 구체적인 행동.

转变(zhuǎnbiàn) : 전환하다. (사상적 면에서)전향하다.

借助(jièzhù) : (다른 사람 혹 사물의)도움을 빌다. …의 힘을 빌리다.

大锅饭(dàguōfàn) : 한 솥의 밥. 대중 식사, 공동 취사. → 동등한 대우, 평등주의.

吃大锅饭 : (업적이나 능력에 상관없이)똑같이 대우하다, 똑같은 대우를 받다.

小灶(xiǎozào) : 작은 솥에 따로 만든 음식, 최고급의 식사, 특별 식사. 특별 대우(= 小灶饭, 小锅饭).

富(fù) : 부유하다, 재산이 많다. 재산, 자원. 풍부하다, 많다.

指引(zhǐyǐn) : 지도 · 인도 · 안내하다.

久(jiǔ) : 동안, 기간. 오래다, (시간이)길다. 오랫동안.

번역 3-3

조화사회의 수립은 발전과 떨어질 수 없다. 세계적으로 불균형 발전과 균형 발전의 두 종류 모형이 존재하는데, 불균형 발전은 효율의 제고에 유리하고, 균형 발전은 사회의 공평에 유리하다. 지금의 현실에 직면하여, 우리의 전략은 "불균형"에서 "균형"으로 전환할 필요가 있다. 우리나라는 개혁 개방 초기에 자본과 자원이 유한한 상황 하에서, 불균형 발전의 도움을 빌어, "평등주의"를 타파하고 효율을 제고하며 속도를 가속시켰는데, 이것은 매우 필요한 것이다. 덩 샤오 핑이 제시한 소수인 · 소수 지역부터 먼저 부유하게 만드는 방침의 지도 아래, 불균형 발전 전략은 23년 동안 계속되어, 우리나라 경제 사회의 발전을 위해 커다란 공헌을 하였다.

MEMO

MEMO

본문 4-1

不均衡发展战略，从总体上取得了巨大的成就，是不发达大国经济起飞的必然道路，它提高了中国经济规模，提高了中国经济质量，提高了中国经济的竞争力，为我国进一步的改革奠定了坚实的物质平台。而在另一方面，这个战略也使我国区域发展进入很不平衡的阶段。有资料显示，我国最富的地市同最穷的地市相比，收入差距在30倍以上。河南省是中国的欠发达省份，其省内各县的差距也十分严重，例如巩县与台前县相比，前者财政收入为7亿元，后者财政收入为3000万元，两者相差23倍多。

발음 연습 4-2

bùjūnhéng fāzhǎn zhànlüè, cóng zǒngtǐ shang qǔdé lė jùdà dė chéngjiù, shì bùfādá dàguó jīngjì qǐfēi dė bìrán dàolù, tā tígāo lė zhōngguó jīngjì guīmó, tígāo lė zhōngguó jīngjì zhìliàng, tígāo lė zhōngguó jīngjì dė jìngzhēnglì, wèi wǒguó jìnyíbù dė gǎigé diàndìng lė jiānshí dė wùzhì píngtái。ér zài lìng yìfāngmiàn, zhègė zhànlüè yě shǐ wǒguó qūyù fāzhǎn jìnrù hěn bùpínghéng dė jiēduàn。yǒu zīliào xiǎnshì, wǒguó zuì fù dė dìshì tóng zuì qióng dė dìshì xiāngbǐ, shōurù chājù zài sānshí bèi yǐshàng。Hénán shěng shì zhōngguó dė qiàn fādá shěngfèn, qí shěng nèi gè xiàn dė chājù yě shífēn yánzhòng, lìrú Gǒng xiàn yǔ Táiqián xiàn xiāngbǐ, qiánzhě cáizhèng shōurù wéi qī yì yuán, hòuzhě cáizhèng shōurù wéi sānqiān wàn yuán, liǎngzhě xiāngchà èrshí sān bèi duō。

단어 정리

总体(zǒngtǐ) : 총체, 전체.

起飞(qǐfēi) : 도약하다. 급속히 발전해가다. 이륙하다, 날아오르다.

质量(zhìliàng) : 질, 품질, 질적인 내용. 질량. 질과 양. 인격, 품성.

奠定(diàndìng) : 다지다, 닦다, 안정시키다.

坚实(jiānshí) : 견실 · 견고 · 튼튼하다. 건장하다.

平台(píngtái) : 건조대, 테라스. 콘베이어. 평균대. 플랫폼. 고대(高臺).
→ 物质(wùzhì)平台 : 물질적 기초.

而(ér) : [접사] (같은 종류의 단어나 문을 접속함).
1) (역접일 경우) 그러나, …(이)지만, …나. 2) (순접일 경우) 그리고, …(하)고(도).

地市(dìshì) : 지방과 도시. 地 : 지방, 지구(地區), 지역. 市 : 시, 도시.

差距(chājù) : 격차, 차.

欠(qiàn) : 부족하다, 모자라다, 불충분하다. 빚지다. 하품하다.

省份(shěngfèn) : 성(省). 지명과 함께할 때는 省만 씀. 3개 성 : 三个省份. 산동성 : 山东省.

巩(gǒng)县(xiàn) : 하남성 공현(鞏縣).

台前(táiqián)县(xiàn) : 하남성 태전현(台前縣).

相差(xiāngchà) : 차이, 거리. 서로 차이가 나다, 서로 다르다.

번 역 4-3

불균형 발전 전략은 전체적으로 커다란 성취를 이룩하였고, 미발달 대국의 경제가 도약하는 필연적 수단이며, 중국 경제의 규모와 질과 경쟁력을 제고시켜, 우리나라의 진일보한 개혁을 위해 견실한 물질적 기초를 닦았다. 그러나 다른 방면에 있어, 이 전략은 우리나라의 지역 발전을 매우 불균형 단계로 진입시켰다. 자료에 의하면, 우리나라에서 가장 부유한 지방 · 도시는 가장 가난한 지방 · 도시와 비교하면, 수입의 격차가 30배 이상이다. 하남성은 중국에서 발달이 부족한 성으로, 이 성 안의 각 현 사이 격차도 매우 심각하다. 예로, 공 현과 타이챈 현을 비교하면, 전자의 재정 수입은 7억 위웬이고, 후자의 재정 수입은 3,000만 위웬으로, 양자 차이는 23배가 더 된다.

MEMO

MEMO

본문 5-1

要改变这种不和谐状况，必须推动高度重视区域均衡发展的政策，这既是为了体现社会主义的最大的优越性、体现社会主义共同富裕的本领，同时，平衡战略也将推动国内市场的扩大和内需的有效启动，对全局的长远发展，对从根本上摆脱我国经济对国际市场的依赖是有利的。

발음 연습 5-2

yào gǎibiàn zhèzhǒng bùhéxié zhuàngkuàng, bìxū tuīdòng gāodù zhòngshì qūyù jūnhéng fāzhǎn dė zhèngcè, zhè jì shì wèilė tǐxiàn shèhuìzhǔyì dė zuìdà dė yōuyuèxìng、tǐxiàn shèhuìzhǔyì gòngtóng fùyù dė běnlǐng, tóngshí, pínghéng zhànlüè yě jiāng tuīdòng guónèi shìchǎng dė kuòdà hé nèixū dė yǒuxiào qǐdòng, duì quánjú dė chángyuǎn fāzhǎn, duì cóng gēnběn shang bǎituō wǒguó jīngjì duì guójì shìchǎng dė yīlài shì yǒulìdė。

단어 정리

推动(tuīdòng) : 추진 · 촉진하다, 밀고 나아가다. 추진, 촉진.
高度(gāodù) : [부] 높이, 높게. → 매우. [명] 높이, 고도. [형] 정도가 매우 높다.
体现(tǐxiàn) : 구현 · 체현하다, 구체적으로 드러내다.
启动(qǐdòng) : (기계 · 설비 등을)시동(하다).
全局(quánjú) : 전체의 국면, 전체의 판국, 대세.
长远(chángyuǎn) : (미래의 시간이)장구 · 장원하다, 항구적이다.
摆脱(bǎituō) : 탈피하다, 벗어나다, 빠져나오다, 이탈하다.
依赖(yīlài) : 의존(하다), 불가분의 관계(이다). 의지(하다), 기대다.

번 역 5-3

이런 종류의 부조화 상황을 변화시키려면, 지역 균형 발전을 매우 중시하는 정책을 반드시 추진해야 하고, 이것은 사회주의의 가장 큰 우월성과 사회주의 공동부유의 본령을 구현하기 위해서일 뿐만 아니라, 동시에 균형 전략은 또한 국내 시장의 확대와 내수의 유효한 시동을 추진할 것이고, 전체 국면의 장기적 발전에 대하여, 근본적으로 우리나라 경제의 국제 시장에 대한 의존을 탈피하는 것에 대하여 유리한 것이다.**

http://hk.news.yahoo.com/050219/12/19kvn.html
http://cpc.people.com.cn/GB/64093/64098/4726167.html

11 경제:
중·한 무역

China

본 문 1-1

中韩贸易10年扩增八倍 韩国成为第6大外资来源:

在北京崇光百货商场，27岁的孔小姐正在售货员帮助下提取一台中韩合资生产的LG空调。她告诉记者， 由于姐姐家新近买了台LG空调，觉得挺好，自己也赶紧来买一台。记者看到，在商场的同一层楼，韩国品牌的彩电、冰箱、洗衣机和手机的专柜并肩而立，选购、咨询的人络绎不绝。

발음 연습 1-2

zhōng hán màoyì shí nián kuòzēng bā bèi, hánguó chéngwéi dìliù dà wàizī láiyuán:

zài běijīng chóngguāng bǎihuò shāngchǎng, èr shí qī suì dė Kǒng xiǎojie zhèngzài shòuhuòyuán bāngzhù xià tíqǔ yì tái zhōng hán hézī shēngchǎn dė LG kōngtiáo。tā gàosu jìzhě, yóuyú jiějie jiā xīnjìn mǎilė tái LG kōngtiáo, juédė tǐng hǎo, zìjǐ yě gǎnjǐn lái mǎi yì tái。jìzhě kàndao, zài shāngchǎng tóngyī cénglóu, hánguó pǐnpái dė cǎidiàn、bīngxiāng、xǐyījī hé shǒujī dė zhuānguì bìngjiānérlì, xuǎngòu、zīxún dė rén luòyìbùjué。

단어 정리

扩增(kuòzēng) : 증가 · 증대 · 확장 · 확대하다.
扩(kuò) : 넓히다, 확대하다. 增(zēng) : 늘다, 증가하다.

成为(chéngwéi) : ~으로 되다.

外资(wàizī) : 외자.

来源(láiyuán) : 출처, 근원. 수원(水源). 원산지, 생산지, 공급지, 공급자.

崇光(chóngguāng)百货商场(bǎihuòshāngchǎng) : Chong Guang 백화점.

商场(shāngchǎng) : (건물 안에 설치된)상가, 시장, 아케이드. 백화점. 시장 상황, 시황.

提取(tíqǔ) : (맡긴 것 또는 배급된 것을)찾다, 인출하다. 추출하다, 뽑아내다.

合资(hézī) : 합자(하다), 공동 출자(하다).

空调(kōngtiáo) : 공기를 조정하다. 에어컨, Air Conditioner.

新近(xīnjìn) : 최근, 요즈음.

赶紧(gǎnjǐn) : 서둘러, 급히, 재빨리.

台(tái) : [양사] 대(기계 · 차량 등이나 연극의 공연 횟수 등을 셀 때 사용함).

层楼(cénglóu) : 다층집. 2층 이상의 고층 건물.

品牌(pǐnpái) : 상표.

彩电(cǎidiàn) : 컬러TV. 彩色电视机(cǎisèdiànshìjī)의 준말.

冰箱(bīngxiāng) : 냉장고. 电冰箱(diànbīngxiāng) 즉 전기냉장고의 약자.

洗衣机(xǐyījī) : 세탁기.

手机(shǒujī) : 휴대전화. = 手提电话(shǒutídiànhuà), 移动电话(yídòngdiànhuà).

专柜(zhuānguì) : 전문 판매대. 柜 : 궤, 장. 계산대, 카운터.

并肩(bìngjiān) : 어깨를 나란히하다, 함께 행동하다.

并肩而立(bìngjiānérlì) : (어깨를)나란히 서 있다.

选购(xuǎngòu) : 골라서 사다, 선택하여 사다.

咨询(zīxún) : 자문하다, 상의하다, 의논하다. 컨설턴트.

络绎(luòyì) : (사람 등의)왕래가 잇달아 끊이지 않는다.
络(luò) : 그물. 과실의 섬유질이 그물 모양을 이룬 것. 혈액이나 기가 운행하는 그물 모양의 통로.
绎(yì) : 두서를 찾다, 실마리를 찾아내다. 연속되다, 끊이지 않다.
→ 络绎不绝(bùjué) : 왕래가 잦아 끊어지지 않다.

번역 1-3

중·한 무역은 10년 동안 8배 증가하고, 한국은 여섯 번째로 큰 외자 공급자가 되었다.

베이징의 충 꽝(崇光, Chong Guang) 백화점에서 27세의 콩(孔, Kong) 양은 판매원의 도움으로 중·한 합자 생산의 LG 에어컨을 찾고 있다. 그녀는 기자에게 말하길, 언니 집에서 최근 LG 에어컨 한 대를 샀는데, 괜찮다고 생각 들어, 자신도 재빨리 와서 한 대 산다고 했다. 상가의 같은 층에서 한국 상표의 컬러 TV·냉장고·세탁기와 휴대전화의 전문 판매대가 나란히 서 있어, 물건을 선택하여 구매하고 질문하는 사람이 끊이지 않는 것을 기자는 보았다.

MEMO

MEMO

본 문 2-1

销售员介绍，仅在6月30日和7月1日两天，该店LG专柜的液晶和背投彩电日均销售近30台 ；而位于北京西单商业区的现代汽车销售点开业半年来， 已经销售了北京生产的现代牌汽车总量的近十分之一。

발음 연습 2-2

xiāoshòuyuán jièshào, jǐn zài liù yuè sān shí rì hé qī yuè yī rì liǎng tiān, gaīdiàn LG zhuāngui dė yèjīng hé bèitóu cǎidiàn rìjūn xiāoshòu jìn sān shí tái ; ér wèiyú běijīng xīdān shāngyèqū dė xiàndài qìchē xiāoshòudiǎn kāiyè bànnián lái, yǐjīng xiāoshòu lė běijīng shēngchǎn dė xiàndài pái qìchē zǒngliáng dė jìn shí fēn zhī yī。

단어 정리

仅(jǐn) : 겨우, 가까스로, 다만, 단지.

液晶(yèjīng) : 액정.

背投(bèitóu) : 뒤에서 영상을 비추다. 후면 투사하다.

→ 背投彩电(cǎidiàn) : 후면 투사형 컬러TV
日均(rìjūn) : 하루 평균. 年均(niánjūn) : 한해 평균, 연평균.
西单(xīdān) : (지명)시 딴(북경 도심에 위치함).
位于(wèiyú) : ~에 위치하다.
销售点(xiāoshòudiǎn) : 판매점. 销售处(xiāoshòuchù) : 판매처. 销售网(xiāoshòuwǎng) : 판매망.
开业(kāiyè) : 개업하다.

번 역 2-3

판매원의 소개에 의하면, 오로지 6월 30일과 7월 1일 이틀간 자신의 상점 LG 전문 판매대에서 액정 · 후면 투사형 컬러TV가 하루 평균 약 30대가 팔렸다. 그리고 베이징의 시 딴(西单, XiDan) 상업지구에 위치한 현대 자동차 판매점은 개업 반년 동안, 베이징에서 생산한 현대 상표의 자동차 총량의 약 10%를 이미 팔았다.

MEMO

본 문 3-1

近年来，越来越多的韩国商品进入中国市场，从汽车、彩电、空调、数码产品，到化妆品、厨房用具和深受女士喜爱的头花等小饰品， 韩国商品已日益为中国普通消费者所接受。 而这只是中韩近年来经济贸易合作日益紧密的一个缩影。

발음 연습 3-2

jìnnián lái, yuè lái yuè duō dė hánguó shāngpǐn jìnrù zhōngguó shìchǎng, cóng qìchē、cǎidiàn、kōngtiáo、shùmǎ chǎnpǐn, dào huàzhuāngpǐn、chúfáng yòngjù hé shēnshòu nǚshì xǐài dė tóuhuā děng xiǎo shìpǐn, hánguó shāngpǐn yǐ rìyì wéi zhōngguó pǔtōng xiāofèizhě suǒ jiēshòu。ér zhè zhǐ shì zhōng hán jìnnián lái jīngjì màoyì hézuò rìyì jǐnmì dė yí gė suōyǐng。

단어 정리

数码(shùmǎ) : 디지털.

产品(chǎnpǐn) : 산물, 제품, 상품.

厨房(chúfáng) : 부엌, 주방.

用具(yòngjù) : 도구, 용구.

深受(shēnshòu) : 깊이 받다.

女士(nǚshì) : 학식 있는 여자, 숙녀. 부인, 여사.

喜爱(xǐài) : 애호하다, 좋아하다, 사랑하다, 호감을 가지다.
→ 深受女士喜爱 : 여성의 사랑을 많이 받다.

头花(tóuhuā) : 머리를 장식하는 꽃 모양의 장식품(헤어 액세서리), 꽃장식이 있는 비녀. 머리핀. 옥잠.

饰品(shìpǐn) : 장신구, 액세서리.

日益(rìyì) : 날로.

为(wéi)A所(suǒ)B : ['为(또는 被)+주체+所+동사'의 형태로 쓰여, 피동(被动)을 나타냄].
A에 의해 B하게 되다. A에게 B를 당하다.

接受(jiēshòu) : 받아들이다.
→ 为普通消费者所接受 : 일반 소비자에 의하여 받아들여지다. 일반 소비자가 받아들이다.

合作(hézuò) : 협력(하다). 합작(하다). 공동(으로 하다).
经济合作 : 경제 협력. 技术合作 : 기술 합작. 合作生产 : 공동 생산.

紧密(jǐnmì) : [형] 밀접하다, 긴밀하다. [동] 긴밀히 하다.

缩影(suōyǐng) : 축소판.
→ 中韩近年来经济贸易合作日益紧密的一个缩影 : 최근 중 · 한의 경제 · 무역 협력이 날로 긴밀해지고 있음을 나타내는 하나의 축소판.

번역 3-3

최근 갈수록 많은 한국 상품이 중국 시장으로 들어오고 있으며, 자동차 · 컬러TV · 에어컨 · 디지털 제품에서 화장품 · 주방도구와 여성의 사랑을 많이 받는 머리장식품의 작은 장신구에 이르기까지, 한국 상품은 이미 날로 중국의 일반 소비자에 의해 받아들여지고 있다. 그러나 이것은 단지 최근 중 · 한의 경제 · 무역 협력이 날로 긴밀해지고 있음을 나타내는 하나의 축소판일 뿐이다.

본 문 4-1

据中国海关统计， 2002年中韩双边贸易额达到440.7亿美元，比1992年两国建交时增长近8倍。今年1至5月，中韩双边贸易额达到227.4亿美元，比去年同期增长44.5%，其中中方出口71.8亿美元，进口155.6亿美元，分别比去年同期增长27.7%和53.9%。

발음 연습 4-2

jù zhōngguó haǐguān tǒngjì, èr líng líng èr nián zhōng hán shuāngbiān màoyìé dádào sì bǎi sì shí yì qī qiān wàn měiyuán, bǐ yī jiǔ jiǔ èr nián liǎngguó jiànjiāo shí zēngzhǎng jìn bā bèi。jīnnián yī zhì wǔ yuè, zhōng hán shuāngbiān màoyìé dádào èr bǎi èr shí qī yì sì qiān wàn měiyuán, bǐ qùnián tóngqī zēngzhǎng bǎi fēnzhī sì shí sì diǎn wǔ, qízhōng zhōngfāng chūkǒu qī shí yī yì bā qiān wàn měiyuán, jìnkǒu yī bǎi wǔ shí wǔ yì liù qiān wàn měiyuán, fēnbié bǐ qùnián tóngqī zēngzhǎng bǎi fēnzhī èr shí qī diǎn qī hé bǎi fēnzhī wǔ shí sān diǎn jiǔ。

단어 정리

海关(haǐguān) : 세관.
统计(tǒngjì) : 통계.
贸易额(màoyìé) : 무역액.
达到(dádào) : 달성하다, 도달하다.
增长(zēngzhǎng) : 증가 · 신장하다, 늘어나다, 높아지다.
分别(fēnbié) : 각각, 따로따로.

번역 4-3

중국 세관의 통계에 의하면, 2002년 중 · 한 쌍방 무역액은 440억 7천 만 달러에 달하여, 1992년 양국 수교 때보다 약 8배 증가하였다. 금년 1월부터 5월까지, 중 · 한 쌍방 무역액은 227억 4천 만 달러에 달하여, 작년 동기보다 44.5% 증가했고, 그 가운데 중국측 수출은 71억 8천 만 달러이고 수입은 155억 6천 만 달러로, 각각 작년 동기보다 27.7%와 53.9% 증가했다.

MEMO

본문 5-1

韩国已成为中国第5大贸易伙伴，第4大出口对象和第3大进口来源。此间经贸专家保守预测，中韩之间的贸易额在2004年将突破500亿美元。而投资已成为中韩贸易高速增长的主要动力。商务部亚洲司统计显示，2002年，中方共批准韩国对华投资4,008项，合同金额达到52.8亿美元，实际使用金额27.2亿美元。

발음 연습 5-2

hánguó yǐ chéngwéi zhōngguó dìwǔ dà màoyì huǒbàn, dìsì dà chūkǒu duìxiàng hé dìsān dà jìnkǒu láiyuán。cǐjiān jīngmào zhuānjiā bǎoshǒu yùcè, zhōng hán zhījiān dė màoyìé zài èr líng líng sì nián jiāng tūpò wǔ bǎi yì měiyuán。ér tóuzī yǐ chéngwéi zhōng hán màoyì gāosù zēngzhǎng dė zhǔyào dònglì。shāngwùbù yàzhōusī tǒngjì xiǎnshì, èr líng líng èr nián, zhōngfāng gòng pīzhǔn hánguó duì huá tóuzī sì qiān líng bā xiàng, hétóng jīné dádào wǔ shí èr yì bā qiān wàn měiyuán, shíjì shǐyòng jīné èr shí qī yì èr qiān wàn měiyuán。

단어 정리

此间(cǐjiān) : 여기, 이곳.

亚洲司(yàzhōusī) : 아주국(亚洲局). 중국 행정기구에서 司는 우리의 局에 해당함. 司长(sīzhǎng) : 국장.

显示(xiǎnshì) : 뚜렷하게 나타내 보이다, 현시하다. 디스플레이.
→ 统计显示 : 통계는 …을 나타내다 → 통계에 의하면, …하다.

批准(pīzhǔn) : 허가하다. (조약을) 비준하다. 허가, 승인.

번 역 5-3

한국은 이미 중국의 다섯 번째로 큰 무역 동반자가 되어, 네 번째로 큰 수출 대상과 세 번째로 큰 수입 공급자가 되었다. 이곳의 경제 · 무역 전문가는, 중 · 한 사이의 무역액이 2004년에는 장차 500억 달러를 돌파할 것이라고 보수적으로 예측한다. 그리고 투자는 이미 중 · 한 무역이 고속 성장하는 주요 동력으로 되었다. 상무부 아주국의 통계에 의하면, 2002년 중국측은 한국의 대중(對中) 투자 4,008건을 모두 허가했고, 계약 금액이 52억 8천만 달러에 달하고, 실제 사용 금액이 27억 2천만 달러였다.

MEMO

본문 6-1

截至今年5月底，韩国企业对华投资累计达到303.1亿美元，实际使用169.4亿美元。韩国已成为中国第6大外资来源。目前韩国投资主要集中在环渤海领域， 但今后中韩双方投资领域的合作将更趋向高层次发展，韩国投资向中国内地，尤其是广大中西部地区扩展已成为趋势。

발음 연습 6-2

jiézhì jīnnián wǔ yuèdǐ, hánguó qǐyè duì huá tóuzī lěijì dádào sān bǎi líng sān yì yī qiān wàn měiyuán, shíjì shǐyòng yī bǎi liù shí jiǔ yì sì qiān wàn měiyuán。hánguó yǐ chéngwéi zhōngguó dìliù dà wàizī láiyuán。mùqián hánguó tóuzī zhǔyào jízhōng zài huánbóhaǐ lǐngyù, dàn jīnhòu zhōng hán shuāngfāng tóuzī lǐngyù dė hézuò jiāng gēng qūxiàng gāo céngcì fāzhǎn, hánguó tóuzī xiàng zhōngguó nèidì, yóuqí shì guǎngdà zhōngxībù dìqū kuòzhǎn yǐ chéngwéi qūshì。

단어 정리

截止(jiézhǐ) : (시간적으로) …에(까지) 이르다(마감하다). […为止와 함께 사용됨].

累计(lěijì) : 누계하다, 합계하다. 누계.

环(huán) : 둘러(에워) 싸다. 돌다.

渤海(bóhaǐ) : 발해.
→ 环渤海领域 : 환발해 영역. 발해를 에워싸고 있는 영역.

趋向(qūxiàng) : …으로 기울어지다, …하는 경향이 있다.

层次(céngcì) : 내용의 순서, 단계, 수속. 层次清楚 : 내용의 순서가 명확하다.
→ 高层次 : 고단계.

扩展(kuòzhǎn) : 확장 · 신장하다.

번역 6-3

금년 5월 말까지, 한국 기업의 대중 투자 누계는 303억 1천만 달러에 달하고, 실제 사용은 169억 4천만 달러이다. 한국은 이미 중국의 여섯 번째로 큰 외자 공급자가 되었다. 현재 한국 투자는 주로 환발해 영역에 집중되어 있으나, 이후 중 · 한 쌍방 투자 영역의 협력은 장차 고단계의 발전으로 더욱 기울어질 것이고, 한국 투자의 중국 내륙 특히 광대한 중서부 지구를 향한 확장은 이미 추세가 되었다.

MEMO

본 문 7-1

商务部国际贸易经济合作研究院亚非研究部副主任李光辉说，中韩两国在资源、劳动力、产业结构、商品市场、资金、 技术及企业管理等方面有很强互补性。 这既是两国以往经贸合作的前提条件，也是今后长期互惠合作，达到共同繁荣的深厚基础。

발음 연습 7-2

shāngwùbù guójì màoyì jīngjì hézuò yánjiūyuàn yà fēi yánjiūbù fùzhǔrèn Lǐ Guānghuī shuō, zhōng hán liǎngguó zài zīyuán、láodònglì、chǎnyè jiégòu、shāngpǐn shìchǎng、zījīn、jìshù jí qǐyè guǎnlǐ děng fāngmiàn yǒu hěn qiáng hùbǔxìng。zhè jì shì liǎngguó yǐwǎng jīngmào hézuò dė qiántí tiáojiàn, yě shì jīnhòu chángqī hùhuì hézuò, dádào gòngtóng fánróng dė shēnhòu jīchǔ。

단어 정리

互补(hùbǔ) : 서로 보충 · 보완하다.
既(jì)···, 也(yě)··· : ···할(일) 뿐만 아니라, 또한···.
互惠(hùhuì) : 호혜. 서로 혜택을 주다.
深厚(shēnhòu) : (감정이) 깊고 두텁다. (기초가) 단단 · 튼튼하다.

번역 7-3

상무부 국제무역경제협력연구원 아시아 · 아프리카연구부 부주임 리 꽝 휘(李光辉, Li Guanghui)에 의하면, 중 · 한 양국은 자원 · 노동력 · 산업 구조 · 상품 시장 · 자금 · 기술 및 기업 관리 등 방면에서 매우 강력한 상호 보완성을 가지고 있다. 이것은 양국의 과거 경제 · 무역 협력의 전제 조건일 뿐만 아니라, 또한 이후 장기적인 호혜 협력이 공동 번영에 도달하는 튼튼한 기초이다.

MEMO

본문 8-1

他预计，随着中韩双方产业结构的调整，商品贸易额将进一步增大，产品结构也将进一步多样化。韩国对中国的出口商品在一定时期内仍将以机电产品、 音像设备及其配件和化工产品为主 ； 而中国对韩国的出口产品主要以机电产品、 纺织原材料及制品为主。随着技术贸易的发展，中国对韩出口产品结构将逐步向高档次转变。

발음 연습 8-2

tā yùjì, suízhė zhōng hán shuāngfāng chǎnyè jiégòu dė tiáozhěng, shāngpǐn màoyìé jiāng jìnyíbù zēngdà, chǎnpǐn jiégòu yě jiāng jìnyíbù duōyànghuà。hánguó duì zhōngguó dė chūkǒu shāngpǐn zài yídìng shíqī nèi réng jiāng yǐ jīdiàn chǎnpǐn、yīnxiàng shèbèi jí qí pèijiàn hé huàgōng chǎnpǐn wéi zhǔ ; ér zhōngguó duì hánguó dė chūkǒu chǎnpǐn zhǔyào yǐ jīdiàn chǎnpǐn、fǎngzhī yuáncáiliào jí zhìpǐn wéi zhǔ。suízhė jìshù màoyì dė fāzhǎn, zhōngguó duì hán chūkǒu chǎnpǐn jiégòu jiāng zhúbù xiàng gāo dàngcì zhuǎnbiàn。

단어 정리

预计(yùjì) : 미리 어림하다, 예상·전망하다. 예견하다. 사전 계산, 예상.

机电(jīdiàn) : 기계 설비와 전력 설비의 총칭. 동력 전기. 기계와 전기 기구.
→ 机电产品 : 기계·전기 제품.

音像(yīnxiàng) : 녹음과 녹화. 음향과 영상. 音像教材 : 음향·영상 교재.
→ 音像设备 : 음향·영상 설비.

配件(pèijiàn) : 부품, 부속품.

原材料(yuáncáiliào) : 원료와 재료, 원자재.

档次(dàngcì) : (품질 등의) 등차, 등급, 차등.
→ 高档次 : 고품질.

转变(zhuǎnbiàn) : 전환하다, 바뀌다. (사상적으로) 전향하다.

번역 8-3

그는 중·한 쌍방의 산업 구조의 조정에 따라 상품 무역액이 가일층 증대하고 제품 구조도 가일층 다양화할 것이라고 예견한다. 한국의 대중 수출 상품은 일정 기간 동안 여전히 기계·전기 제품 및 음향·영상 설비와 그 부품 그리고 화공 제품을 위주로 할 것이다. 그리고 중국의 대한(對韓) 수출 제품은 기계·전기 제품 및 방직 원자재와 제품을 위주로 할 것이다. 기술 무역의 발전에 따라, 중국의 대한 수출 제품의 구조는 점차 고품질로 전환할 것이다.

MEMO

본 문 9-1

李光辉说，作为东亚地区具有影响力的国家，中韩两国应加强合作，促进两国经贸关系的进一步发展，积极推进东亚地区区域经济合作的进程， 共同为亚洲及世界经济的发展作出新贡献。

발음 연습 9-2

Lǐ Guānghuī shuō, zuòwéi dōngyà dìqū jùyǒu yǐngxiǎnglì dė guójiā, zhōng hán liǎngguó yīng jiāqiáng hézuò, cùjìn liǎngguó jīngmào guānxi dė jìnyíbù fāzhǎn, jījí tuījìn dōngyà dìqū qūyù jīngjì hézuò dė jìnchéng, gòngtóng wèi yàzhōu jí shìjiè jīngjì dė fāzhǎn zuòchū xīn gòngxiàn。

단어 정리

作为(zuòwéi) : …로 하다, …으로 삼다, …로 여기다 · 간주하다. …의 신분 · 자격으로서.
为(wèi)… : [개사] (목적을 나타냄) …을 (하기) 위하여. (행위의 대상)…에게, …을 위하여.
作出(zuòchū)… : …을 하다, 해내다.

번 역 9-3

리 꽝 휘는, 동아시아 지역에서 영향력을 구비한 국가로서, 중 · 한 양국이 마땅히 협력을 강화하여, 양국 경제 · 무역 관계의 진일보한 발전을 촉진하고, 동아시아 지역의 지역경제 협력의 진행과정을 적극 추진하며, 공동으로 아시아와 세계 경제의 발전을 위해 새로운 공헌을 해야 한다고 말했다.**

http://news.xinhuanet.com/newscenter/2003-07/04/content_954011.htm

MEMO

12 정치: 6자 회담

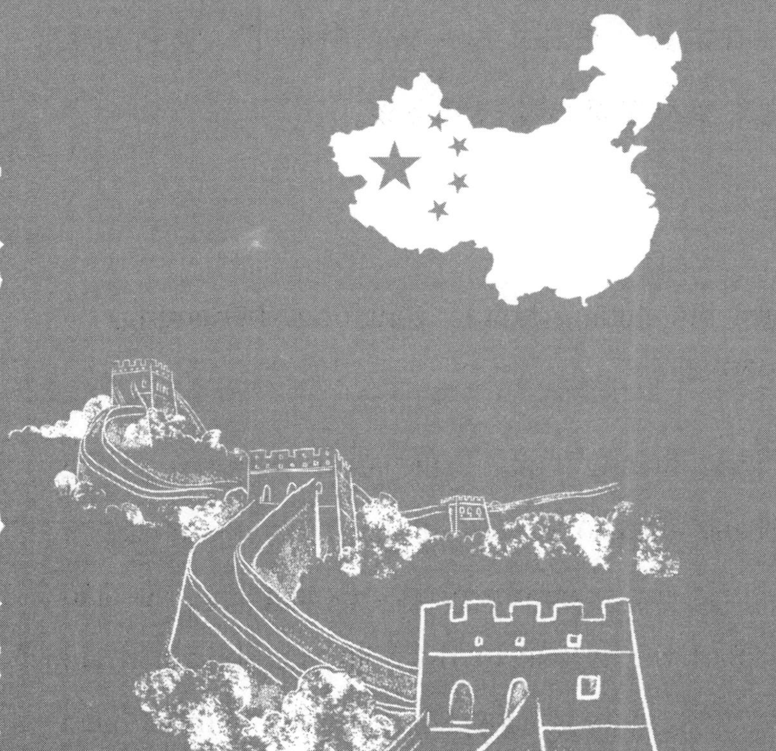

China

본문 1-1

〈第四轮六方会谈共同声明〉全文:

第四轮北京六方会谈19日上午举行全体会， 会上通过了〈第四轮六方会谈共同声明〉，声明全文如下：2005年7月26日至8月7日和9月13日至19日，中华人民共和国、朝鲜民主主义人民共和国、日本国、大韩民国、俄罗斯联邦、美利坚合众国在中国北京举行了第四轮六方会谈。

발음 연습 1-2

〈dìsì lún liùfāng huìtán gòngtóng shēngmíng〉quánwén:

dìsì lún běijīng liùfāng huìtán shí jiǔ rì shàngwǔ jǔxíng quántǐhuì, huìshang tōngguò lė 〈dìsì lún liùfāng huìtán gòngtóng shēngmíng〉, shēngmíng quánwén rúxià : èr líng líng wǔ nián qī yuè èr shí liù rì zhì bā yuè qī rì hé jiǔ yuè shí sān rì zhì shí jiǔ rì, zhōnghuá rénmín gònghéguó、cháoxiān mínzhǔ zhǔyì rénmín gònghéguó、rìběnguó、dàhánmínguó、éluósī liánbān g、měilìjiān hézhòngguó zài zhōngguó běijīng jǔxíng lė dìsì lún liùfāng huìtán。

단어 정리

轮(lún) : [양사] (순환되는 사물 또는 동작을 헤아리는데 사용됨)
→ 第四轮 : 제4차, 제4회. 第一轮比赛 : 일회전. 一轮 : 일주, 한바퀴. 12살.

方(fāng) : [명] (대립하는 한) 편, 측, 쪽. 对方 : 상대편. 我方 : 우리측.
→ 六方 : 여섯 쪽·편. 6자. 6개 국가.

全体会(quántǐhuì) : 전체회의.

声明(shēngmíng) : 성명(서). 성명을 발표하다.

朝鲜民主主义人民共和国(cháoxiān mínzhǔzhǔyì rénmín gònghéguó) : 조선민주주의인민공화국, 북한.

俄罗斯联邦(éluósī liánbāng) : 러시아 연방, 러시아.

美利坚合众国(měilìjiān hézhòngguó) : The United States of America. 아메리카 합중국, 미국.

번역 1-3 〈제4차 6자 회담 공동성명〉 전문:

제4차 베이징 6자 회담은 19일 오전에 전체회의를 거행하여, 회의에서 〈제4차 6자 회담 공동성명〉을 통과시켰고, 성명 전문은 다음과 같다. 2005년 7월 26일부터 8월 7일까지 그리고 9월 13일부터 19일까지, 중화인민공화국·조선민주주의인민공화국(북한)·일본·대한민국·러시아 연방·아메리카 합중국은 중국 베이징에서 제4차 6자 회담을 거행하였다.

MEMO

본문 2-1

中国外交部副部长武大伟、朝鲜外务省副相金桂冠、日本外务省亚洲大洋洲局局长佐佐江贤一郎、韩国外交通商部次官补宋旻淳、俄罗斯外交部副部长阿列克谢耶夫、美国负责东亚和太平洋事务助理国务卿克里斯托弗·希尔分别率团与会。中国外交部副部长武大伟主持会谈。

발음 연습 2-2

zhōngguó wàijiāobù fùbùzhǎng Wǔ Dàwěi、cháoxiān wàiwùshěng fùxiāng Jīn Guì Guān、rìběn wàiwùshěng yàzhōu dàyángzhōujú júzhǎng Zuǒ Zuǒ Jiāng Xián Yī Láng、hánguó wàijiāo tōngshāngbù cìguānbǔ Sòng Mín Chún、éluósī wàijiāobù fùbùzhǎng Ā Liè Kè Xiè Yé Fū、měiguó fùzé dōngyà hé tàipíngyáng shìwù zhùlǐ guówùqīng Kè Lǐ Sī Tuō Fú · Xī Ěr fēnbié shuàituán yǔhuì。zhōngguó wàijiāobù fùbùzhǎng wǔ dà wěi zhǔchí huìtán。

단어 정리

负责(fùzé) : 책임을 지다, 책임이 있다. 책임감이 강하다. 담보 · 보장하다.
负责人 : 책임자. 负责期限 : 보증 기간.

助理(zhùlǐ) : 보조(하다). 助理人员 : 보조원, 조수. 助理工程师 : 보조 기사.

国务卿(guówùqīng) : (미국) 국무 장관. 国务院 : (중국) 국무원. (미국) 국무성.
→ 负责东亚和太平洋事务助理国务卿 : 국무성 동아시아 · 태평양 담당 차관보.

分别(fēnbié) : 각각, 따로따로.

率团(shuàituán) : 단체를 인솔하다 · 이끌다. → 대표단을 이끌다.
率(shuài) : 인솔하다, 거느리다. 率身(shuàishēn) : 솔선수범하다. 团(tuán) : 단체. 대표단.

与会(yǔhuì) : 회의에 참가하다.

主持(zhǔchí) : 주재 · 주관하다.

번 역 2-3

중국 외교부 부부장 우 따 웨이, 북한 외무성 부외상 김계관, 일본 외무성 아시아대양주국 국장 사사에 켄이치로, 한국 외교통상부 차관보 송민순, 러시아 외교부 부부장 알렉세예프, 미국 국무성 동아시아 · 태평양 담당 차관보 크리스토퍼 힐이 각각 대표단을 이끌고 회의에 참석하였다. 중국 외교부 부부장 우 따 웨이가 회담을 주재하였다.

MEMO

본문 3-1

六方从朝鲜半岛和东北亚地区和平与稳定出发，本着相互尊重、平等协商的精神，在前三轮六方会谈共识基础上，围绕实现朝鲜半岛无核化目标，进行了认真、务实的会谈，达成如下共识：

발음 연습 3-2

liùfāng cóng cháoxiān bàndǎo hé dōngběiyà dìqū hépíng yǔ wěndìng chūfā, běnzhė xiānghù zūnzhòng、píngděng xiéshāng dė jīngshén, zài qián sānlún liùfāng huìtán gòngshí jīchǔ shang, wéirào shíxiàn cháoxiān bàndǎo wúhéhuà mùbiāo, jìnxíng lė rènzhēn、wùshí dė huìtán, dáchéng rúxià gòngshí：

단어 정리

朝鲜半岛(cháoxiān bàndǎo) : 조선반도 → 한반도.

本(běn) : [동] …에 근거 · 의거하다. 本着(běnzhė) : …에 의거하여. 本此 : 이에 근거하다.

协商(xiéshāng) : 협상(하다), 협의(하다).

前三轮(qián sānlún) : 앞의 세 차례, 이전의 3회.

共识(gòngshí) : 공통 인식. 인식의 일치.

围绕(wéirào) : (주위를)둘러싸다. (시간 · 일 · 문제를)둘러싸다, …을 중심에 놓다.

无核化(wúhéhuà) : 비핵화.

认真(rènzhēn) : [형] 진지한, 진실한, 성실한, 착실한. [부] 정말로. 모조리.

务实(wùshí) : [형] 실질 · 실제적인, 무실한, 실용주의적. [동] 구체적 사업 수행에 힘쓰다.
무실역행(務實力行) : 참되고 실속 있도록, 힘써 실행하다.

번 역 3-3

6자는, 한반도와 동북아 지역의 평화와 안정에서 출발하고, 상호 존중 · 평등 협상의 정신에 근거하여, 이전 3차례의 6자 회담에서 달성한 공동 인식의 기초 위에서, 한반도 비핵화 목표의 실현을 중심으로, 진지하고 실질적인 회담을 진행하였으며, 아래와 같은 공동 인식에 달성하였다.

MEMO

본 문 4-1

一、六方一致重申，以和平方式可核查地实现朝鲜半岛无核化是六方会谈的目标。朝方承诺，放弃一切核武器及现有核计划，早日重返《不扩散核武器条约》，并回到国际原子能机构保障监督。美方确认，美国在朝鲜半岛没有核武器，无意以核武器或常规武器攻击或入侵朝鲜。

발음 연습 4-2

yī、liùfāng yízhì chóngshēn, yǐ hépíng fāngshì kěhéchá di shíxiàn cháoxiān bàndǎo wúhéhuà shì liùfāng huìtán dė mùbiāo。cháofāng chéngnuò, fàngqì yìqiē héwǔqì jí xiànyǒu héjìhuá, zǎorì chóngfǎn 《búkuòsǎn héwǔqì tiáoyuē》, bìng huídào guójì yuánzǐnéng jīgòu bǎozhàng jiāndū。měifāng quèrèn, měiguó zài cháoxiān bàndǎo méiyǒu héwǔqì, wúyì yǐ héwǔqì huò chángguī wǔqì gōngjī huò rùqīn cháoxiān。

단어 정리

一致(yízhì) : 일치(하다).

重申(chóngshēn) : 거듭 말 · 천명 · 선언 · 표명하다.
→ 六方一致重申 : 6자는 만장일치로 거듭 천명하다.

核查(héchá) : 검증(하다), 대조 검사(하다).
→ 可核查地 : 검증 가능하게.

承诺(chéngnuò) : 승낙하다, 대답하다.

现有(xiànyǒu) : 현존의, 현행의. 现有材料 : 현존 자료.

早日(zǎorì) : [명] 조기. 조속한 시일. → 조기에, 조속히, 빨리. 祝你早日恢复 : 빨리 회복되기를 빕니다.

重返(chóngfǎn) : 복귀하다, 되돌아오다(가다). 重返岗位 : 직장에 복귀하다.

扩散(kuòsǎn) : 확산(하다). 만연(하다).
→ 不扩散(búkuòsǎn) : 비확산.
→ 不扩散核武器条约 : 핵무기비확산조약 → 핵확산금지조약(NPT)

原子能(yuánzǐnéng) : 원자력, 核子能(hézǐnéng).
→ 国际原子能机构 : 국제원자력기구(IAEA).

保障(bǎozhàng) : 보장 · 보증(하다).
→ 回到国际原子能机构保障监督 : 국제원자력기구로 복귀하여 (그) 감독을 보장한다. → 국제원자력기구의 감독을 수용한다.

无意(wúyì) : [동] …할 생각이 없다. 원하지 않다. [형] 고의가 없다. [부] 무의식중에, 무심코, 생각없이.

常规(chángguī) : 상규, 관습, 관례, 관행. 정상, 평상, 정규.
→ 常规武器(wǔqì) : 재래식 무기.

번역 4-3

1. 6자는, 한반도 비핵화를 평화적 방식으로 검증 가능하게 실현하는 것이 6자회담의 목표임을 만장일치로 거듭 천명하였다. 북한측은, 모든 핵무기와 현존 핵계획을 포기하고, 조속히 〈핵확산금지조약(NPT)〉으로 복귀하며, 또한 국제원자력기구(IAEA)의 감독을 수용한다고 승낙하였다. 미국측은, 미국이 한반도에서 핵무기를 보유하지 않고, 핵무기 혹은 재래식 무기로써 북한을 공격하거나 침략할 의사가 없음을 확인하였다.

본 문 5-1

韩方重申其依据1992年《朝鲜半岛无核化共同宣言》不运入、不部署核武器的承诺，并确认在韩国领土上没有核武器。1992年《朝鲜半岛无核化共同宣言》应予遵守和落实。朝方声明拥有和平利用核能的权利。其他各方对此表示尊重，并同意在适当时候讨论向朝提供轻水堆问题。

발음 연습 5-2

hánfāng chóngshēn qí yījù yī jiǔ jiǔ èr nián 《cháoxiān bàndǎo wúhéhuà gòngtóng xuānyán》 búyùnrù、búbùshǔ héwǔqì dė chéngnuò, bìng quèrèn zài hánguó lǐngtǔ shang méiyǒu héwǔqì。yī jiǔ jiǔ èr nián 《cháoxiān bàndǎo wúhéhuà gòngtóng xuānyán》 yīng yǔ zūnshǒu hé luòshí。cháofāng shēngmíng yōngyǒu hépíng lìyòng hénéng dė quánlì。qítā gèfāng duìcǐ biǎoshì zūnzhòng, bìng tóngyì zài shìdàng shíhòu tǎolùn xiàng cháo tígōng qīngshuǐduī wèntí。

단어 정리

依据(yījù) : 근거로 하다, 의거하다. 근거, 바탕, 증거, 기초.

运入(yùnrù) : 운송 · 운반하여 들여오다. 반입(搬入)하다.

部署(bùshǔ) : 배치(하다). 안배(하다).

→ 其依据1992年〈朝鲜半岛无核化共同宣言〉不运入 · 不部署核武器的承诺 : 1992년〈한반도 비핵화 공동성명〉에 의거하여 핵무기를 반입하지 않고 배치하지 않는 그(한국)의 승낙 → 1992년〈한반도 비핵화 공동선언〉에 의거한 핵무기의 반입 · 배치 금지에 대한 한국의 승낙.

予(yǔ) : 주다. …하여 주다. 授予(shòuyǔ)奖(jiǎng) : 상장을 주다. 予以(yǔyǐ)批判 : 비판하다.

落实(luòshí) : [동] 실시 · 수행 · 구체화 · 실현하다. [형] 실행 가능한, 적절한.

适当(shìdàng) : 적당한, 적절한, 알맞은. 适当(shìdāng) : [동] 때마침 (…을) 만나다.

→ 应予遵守和落实 : 마땅히 준수하고 실현해야 한다.

核能(hénéng) : 核子能, 원자력, 핵에너지.

轻水堆(qīngshuǐduī) : 경수로(輕水爐, 천연수를 감속재와 냉각수로 사용하는 원자로).

번 역 5-3

한국측은, 1992년〈한반도 비핵화 공동선언〉에 의거한 핵무기의 반입 · 배치 금지에 대한 한국의 승낙을 거듭 천명하고, 또한 한국 영토 안에 핵무기가 없음을 확인하였다. 1992년〈한반도 비핵화 공동선언〉은 마땅히 준수하고 실현해야 한다. 북한측은, 원자력의 평화적 이용 권리를 보유하고 있다고 성명을 발표하였다. 다른 국가들은 이에 대하여 존중을 표시하였고, 또한 적당한 시기에 북한에 대한 경수로 제공 문제를 토론하는 데 동의하였다.

MEMO

본문 6-1

二、六方承诺，根据《联合国宪章》宗旨和原则以及公认的国家关系准则处理相互关系。朝方和美方承诺，相互尊重主权，和平共存，根据各自双边政策，采取步骤实现关系正常化。朝方和日方承诺，根据《日朝平壤宣言》，在清算不幸历史和妥善处理有关悬案基础上，采取步骤实现关系正常化。

발음 연습 6-2

èr、liùfāng chéngnuò, gēnjù ≪liánhéguó xiànzhāng≫ zōngzhǐ hé yuánzé yǐjí gōngrèn dė guójì guānxi zhǔnzé chùlǐ xiānghù guānxi。cháofāng hé měifāng chéngnuò, xiānghù zūnzhòng zhǔquán, hépíng gòngcún, gēnjù gèzì shuāngbiān zhèngcè, cǎiqǔ bùzhòu shíxiàn guānxi zhèngchánghuà。cháofāng hé rìfāng chéngnuò, gēnjù ≪rì cháo píngrǎng xuānyán≫, zài qīngsuàn búxìng lìshǐ hé tuǒshàn chùlǐ yǒuguān xuánàn jīchǔ shang, cǎiqǔ bùzhòu shíxiàn guānxi zhèngchánghuà。

단어 정리

宗旨(zōngzhǐ) : 취지, 종지, 주지.

双边(shuāngbiān) : 양자, 쌍무, 양국, 쌍방.

步骤(bùzhòu) : 절차, 순서, 차례, 단계.

妥善(tuǒshàn) : 알맞다, 타당하다, 적절하다.

悬案(xuánàn) : 현안, 미해결의 사건 · 문제.

번 역 6-3

2. 6자는, 〈유엔 헌장〉의 취지와 원칙 및 공인된 국제관계 준칙에 근거하여 상호 관계를 처리한다고 승낙하였다. 북한측과 미국측은, 주권을 상호 존중하고 평화 공존하며, 각자의 양자 정책에 근거하여, 절차를 채택하여 관계정상화를 실현한다고 승낙하였다. 북한측과 일본측은, 〈일본 · 조선 평양선언〉에 근거하여, 불행한 역사를 청산하고 관련 현안을 적절히 처리하는 기초 위에서, 절차를 채택하여 관계정상화를 실현한다고 승낙하였다.

MEMO

본 문 7-1

三、六方承诺，通过双方和多边方式促进能源、贸易及投资领域的经济合作。中、日、韩、俄、美表示，愿向朝提供能源援助。 韩方重申其2005年7月12日提出的有关向朝提供200万千瓦电力援助的方案。

발음 연습 7-2

sān、liùfāng chéngnuò, tōngguò shuāngbiān hé duōbiān fāngshì cùjìn néngyuán、màoyì jí tóuzī lǐngyù dė jīngjì hézuò。zhōng、rì、hán、é、měi biǎoshì, yuàn xiàng cháo tígōng néngyuán yuánzhù。hánfāng chóngshēn qí èr líng líng wǔ nián qī yuè shí èr rì tíchū dė yǒuguān xiàng cháo tígōng èrbǎi wàn qiānwǎ diànlì yuánzhù dė fāngàn。

단어 정리

多边(duōbiān) : 다각적, 다방면의, 다자의, 다변의.

合作(hézuò) : 합작(하다). 협력(하다). 공동(으로 하다). → 经济合作 : 경제 협력. 合作研究 : 공동 연구. 合作生产 : 공동 생산.

表示(biǎoshì) : 나타내다, 표시하다. 의견을 밝히다. 가리키다, 의미하다.
→ 表示〈愿(向朝提供能源援助)〉 : 〈(북한에게 에너지 원조를 제공한다)를 희망한다〉고 나타내다. → 북한에 대한 에너지 원조의 제공을 희망한다고 밝혔다.

千瓦(qiānwǎ) : 千瓦特(qiānwǎtè), 킬로와트(KW).

번역 7-3

3. 6자는, 양자와 다자 방식을 통해 에너지 · 무역 및 투자 영역의 경제 협력을 촉진시키기로 승낙하였다. 중 · 일 · 한 · 러 · 미는 북한에 대한 에너지 원조의 제공을 희망한다고 밝혔다. 한국측은, 2005년 7월 12일 한국이 제시한 북한에게 200만 킬로와트 전력 원조를 제공하는 관련 방안을 거듭 천명하였다.

MEMO

본문 8-1

四、六方承诺，共同致力于东北亚地区持久和平与稳定。直接有关方将另行谈判建立朝鲜半岛永久和平机制。六方同意探讨加强东北亚安全合作的途径。

발음 연습 8-2

sì、liùfāng chéngnuò, gòngtóng zhìlì yú dōngběiyà dìqū chíjiǔ hépíng yǔ wěndìng。zhíjiē yǒuguānfāng jiāng lìngxíng tánpàn jiànlì cháoxiān bàndǎo yǒngjiǔ hépíng jīzhì。liùfāng tóngyì tàntǎo jiāqiáng dōngběiyà ānquán hézuò dė tújìng。

단어 정리

致力(zhìlì) : 진력하다, 애쓰다, 힘쓰다.

直接有关方(zhíjiē yǒuguān fāng) : 직접 관련이 있는 측 → 직접 관련자.

另行(lìngxíng) : 따로 · 별도로 …하다(뒤에 두 음절의 행위동사가 따라옴). 另行决定 : 별도로 결정하다.

机制(jīzhì) : 메커니즘, 시스템, 구조.
　市场(shìchǎng)机制 : 시장 메커니즘. 竞争(jìngzhēng)机制 : 경쟁 메커니즘.

探讨(tàntǎo) : 연구 토론(하다), 탐구(하다).

安全合作(ānquánhézuò) : 안전에 관한 협력 → 안보 협력. 安全理事会 : 안전보장이사회.

途径(tújìng) : 경로, 수단, 절차, 순서.

번 역 8-3

4. 6자는, 동북아 지역의 장기적 평화와 안정에 공동으로 노력할 것을 승낙하였다. 직접 관련자는 장차 별도로 협상하여 한반도의 영구적인 평화 메커니즘을 수립할 것이다. 6자는 동북아의 안보 협력을 강화하는 방법을 탐구하는 데 동의하였다.

MEMO

본 문 9-1

五、六方同意，根据“承诺对承诺、行动对行动”原则，采取协调一致步骤，分阶段落实上述共识。

六、六方同意于2005年11月上旬在北京举行第五轮六方会谈，具体时间另行商定。

발음 연습 9-2

wǔ、liùfāng tóngyì, gēnjù “chéngnuò duì chéngnuò、xíngdòng duì xíngdòng” yuánzé, cǎiqǔ xiétiáo yízhì bùzhòu, fēn jiēduàn luòshí shàngshù gòngshí。

liù、liùfāng tóngyì yú èr líng líng wǔ nián shí yī yuè shàngxún zài běijīng jǔxíng dìwǔ lún liùfāng huìtán, jùtǐ shíjiān lìngxíng shāngdìng。

단어 정리

协调(xiétiáo) : 협조하다. (의견을) 조정하다. 조화하다.

分阶段(fēn jiēduàn) : 단계로 나누어 → 단계적으로.

商定(shāngdìng) : 상의(토의)하여 결정하다. = 商订(shāngdìng).

번 역 9-3

5. 6자는, "승낙 대 승낙, 행동 대 행동"의 원칙에 근거하고, 협조적이며 일치하는 절차를 채택하여, 단계적으로 상술한 공동 인식을 실현하는데 동의하였다.

6. 6자는, 2005년 11월 상순에 북경에서 제5차 6자회담을 거행하고, 구체적 시간은 별도로 상의하여 결정하는데 동의하였다.**

http://news.xinhuanet.com/world/2005-09/19/content_3511768.htm

MEMO

13 문화: 상해 포동 여행

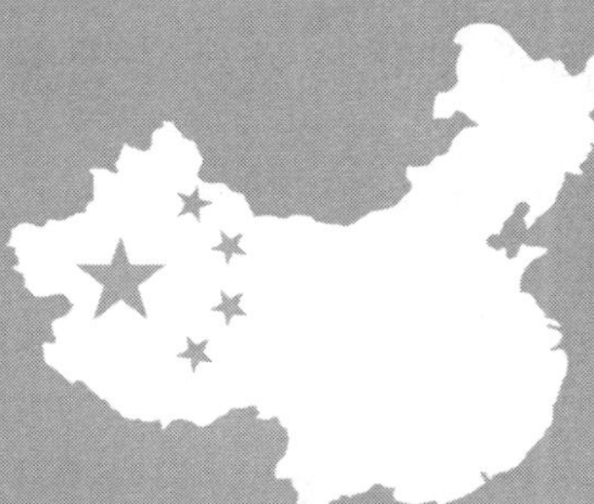

China

본 문 1-1

浦东游-休闲旅游黄金地:

“到浦东去白相(沪语 “玩”)”。每逢佳节，或有海外朋友、内地亲戚来沪， 上海人总是热情相邀。因为在他们的眼里，浦东十年的变化， 不仅是用那些枯燥的数字堆砌起来的指标， 更是那些承传海派文化、吸纳中西精华的建筑和景观，给人们感官和心理上所带来的快感。

발음 연습 1-2

pǔdōng yóu-xiūxián lǚyóu huángjīn dì:

“dào pǔdōng qù báixiāng(hùyǔ ‘wán’)”。měi féng jiājié, huò yǒu haǐwài péngyou、nèidì qīnqī lái hù, shànghaǐrén zǒngshì rèqíng xiāngyāo。yīnwèi zài tāmėn dė yǎnli, pǔdōng shínián dė biànhuà, bùjǐn shì yòng nàxiē kūzào dė shùzì duīqì qǐlái dė zhǐbiāo, gēng shì nàxiē chéngchuán haǐpài wénhuà、xīnà zhōngxī jīnghuá dė jiànzhù hé jǐngguān, gěi rénmėn gǎnguān hé xīnlǐ shang suǒ dàilái dė kuàigǎn。

단어 정리

游(yóu) : 유람하다, 떠돌다, 한가롭게 거닐다.

休闲(xiūxián) : 휴식 오락 활동(을 즐기다), 레저 활동(을 하다). 休闲活动(huódòng) : 여가 활동.

旅游(lǚyóu) : 관광. 여행.

白相(báixiāng) : 놀다, 어슬렁어슬렁 거닐다, 바람 쏘이다.

沪(hù) : 상해의 다른 이름.

逢(féng) : 만나다, 마주치다.

佳节(jiājié) : 명절. 좋은 계절.

亲戚(qīnqī) : 친척.

总是(zǒngshì) : 늘, 언제나. 반드시, 꼭. 결국, 아무튼, 어쨌든.

相邀(xiāngyāo) : 초대하다.

枯燥(kūzào) : 바싹 마르다, 말라빠지다. 무미건조하다 = 枯燥无味(wúwèi).

堆砌(duīqì) : (벽돌, 돌을) 쌓다. 미사여구나 군더더기 말로 글을 짓다.

指标(zhǐbiāo) : 지표. 목표.

承传(chéngchuán) : 계승 · 전승하다.

海派(haǐpài) : 상해파(경극의 일파). 상해식, 상해풍.

吸(xī) : 들이마시다, 빨아들이다. 흡수하다.
  呼吸(hūxī) : 호흡(하다).
  吸取(xīqǔ) : 흡수하다, 빨아들이다. 받아들이다.

纳(nà) : (받아)넣다. (의견을)받아들이다, 채택하다.
  → 吸纳 : 흡수 · 채용 · 채택하다.

精华(jīnghuá) : 정수, 정화, 엑스.

景观(jǐngguān) : 경관, 경치.

感官(gǎnguān) : 感觉器官(gǎnjuéqìguān)의 약칭, 감각 기관.

快感(kuàigǎn) : 쾌감. 상쾌한 느낌.
  → 给人们感官和心理上所带来 : 사람들에게 감정과 심리적으로 가져다 주다.
  → 给人们感官和心理上所带来的快感 : 사람들에게 감정과 심리적으로 가져다 준 상쾌한 느낌.

번 역

1-3 포동 여행—여가활동과 관광의 황금 지역:

“포동에 가서 놀자(상해 말로 ‘놀다’).” 매번 명절을 맞으면, 혹은 해외 친구와 내륙 친척이 상해에 오면, 상해사람은 늘 열정적으로 초대한다. 왜냐하면 그들의 관점에서 포동의 10년 동안 변화는, 무미건조한 숫자로 이루어진 지표일 뿐만 아니라, 더욱이 상해식 문화를 계승하고 중국 · 서양의 정수를 흡수한 건축과 경관이 사람들에게 감정과 심리적으로 가져다 준 상쾌한 느낌이기 때문이다.

MEMO

MEMO

본문 2-1

与著名外滩一江之隔的浦东滨江大道，绵延数公里，犹如一条彩带镶嵌在黄浦江东岸。这是一个集观光、绿化、交通和服务设施为一体，着眼于城市生态环境和功能的沿江景观工程。它由亲水平台、坡地绿化及景观道路组成，风光秀丽，景色宜人，被誉为“上海东外滩”。

발음 연습 2-2

yǔ zhùmíng wàitān yì jiāng zhī gé dė pǔdōng bīnjiāng dàdào, miányán shù gōnglǐ, yóurú yìtiáo cǎidài xiāngqiàn zài huángpǔjiāng dōngàn。zhè shì yíge jí guānguāng、lǜhuà、jiāotōng hé fúwù shèshī wéi yìtǐ, zhuóyǎn yú chéngshì shēngtài huánjìng hé gōngnéng dė yánjiāng jǐngguān gōngchéng。tā yóu qīnshuǐ píngtái、pōdì lǜhuà jí jǐngguān dàolù zǔchéng, fēngguāng xiùlì, jǐngsè yírén, bèi yùwéi “shànghaǐ dōng wàitān”。

단어 정리

隔(gé) : 떨어져 있다, 사이를 두다. 막(히)다, 사이에 두다.
→ 一江之隔 : 강 하나로 떨어져 있다.

滨(bīn) : 물가. 海滨(haǐbīn) : 해변, 해안. 湖滨(húbīn) : 호숫가.
(물가에) 근접 · 인접하다. 滨江(bīnjiāng)公园(gōngyuán) : 강변 공원.

绵延(miányán) : 길게 이어져 있다, 끊임이 없다. 绵延千里 : 천리에 걸쳐 이어져 있다.

犹如(yóurú) : …와 같다.

彩带(cǎidài) : 오색 종이 테이프. 오색 비단 · 천 등의 테이프.

镶嵌(xiāngqiàn) : 상감하다, 끼워넣다. 镶嵌宝石的戒指 : 보석을 박은 반지. 镶嵌画 : 상감 기법의 그림.

东岸(dōngàn) : 동쪽 언덕, 동쪽 기슭, 동안.
→ 镶嵌在黄浦江东岸 : 황포강 동안에 상감하다. → 그려져 있다. → 놓여져 있다.

集(jí) : 모이다. 모으다.

一体(yìtǐ) : 일체, 한 덩어리. 전부, 전체.

着眼(zhuóyǎn) : 착안 · 고려하다, 눈을 돌리다.

沿江(yánjiāng) : 연강, 연하, 강가에 있는 땅. 강에 연하다.
沿海(yánhaǐ) : 연해, 바닷가 근처 지방. 바다에 연하다.

工程(gōngchéng) : 공사. 공정. 土木工程 : 토목 공사. 工程画(huà) : 설계도. 工程学 : 공학, 엔지니어링.

亲水(qīnshuǐ) : 친수(성). 亲(qīn) : 친하다, 가깝다, 사이 좋다.

平台(píngtái) : 플랫폼(platform). 대(臺).
→ 亲水平台 : 물을 가까이 하여 감상하기 위해 쌓은 전망대. 강물 전망대.

坡地(pōdì) : 산비탈의 경사진 밭. 계단식 논밭.

绿化(lǜhuà) : 녹화(하다).
→ 坡地绿化 : 산비탈 녹화.

风光(fēngguāng) : 풍경, 경치.

秀丽(xiùlì) : 수려하다, 아름답다.

景色(jǐngsè) : 경색, 경치, 풍경.

宜人(yírén) : 사람에게 좋은 느낌을 주다, 사람의 마음에 들다.

誉(yù) : 명예, 영예. 칭찬(하다), 찬양(하다). 誉之为(wéi)… : …라고 찬양하다.

번 역 2-3

유명한 외탄과 강 하나로 떨어져 있는 포동 강변대로는, 수 킬로미터가 길게 이어져 있어, 마치 오색 테이프가 황포강 동안에 놓여 있는 것 같다. 이는 관광·녹화·교통·봉사시설을 일체화시키고, 도시의 생태 환경과 기능에 착안한 강변 경관 공사이다. 그것은 강물 전망대와 산비탈 녹화와 경관 도로로 구성되어 있으며, 경치가 아름답고, 풍경이 마음에 들어, "상해의 동쪽 외탄"으로 찬양된다.

MEMO

MEMO

본 문 3-1

亲水游览平台为游客提供了一个与黄浦江相近的环境。尤其是每年七、八月份大潮汛来临时，江水淹没亲水平台，此刻人水相悦，人们充分享受自然带来的和谐与美。在滨江大道边还保留了有七十多年造船历史的上海立新船厂的码头旧址，耸立的巨型铁锚好象在向游客叙述着浦东的过去、现在和未来…

발음 연습 3-2

qīnshuǐ yóulǎn píngtái wèi yóukè tígōng lė yíge yǔ huángpǔjiāng xiāngjìn dė huánjìng。yóuqí shì měinián qī、bā yuèfèn dàcháoxùn láilín shí, jiāngshuǐ yānmò qīnshuǐ píngtái, cǐkè rén shuǐ xiāngyuè, rénmėn chōngfēn xiǎngshòu zìrán dàilái dė héxié yǔ měi。zài bīnjiāng dàdào biān hái bǎoliú lė yǒu qīshí duōnián zàochuán lìshǐ dė shànghaǐ lìxīn chuánchǎng dė mǎtou jiùzhǐ, sǒnglì dė jùxíng tiěmáo hǎoxiàng zài xiàng yóukè xùshù zhė pǔdōng dė guòqù、xiànzài hé wèilái…

단어 정리

相近(xiāngjìn) : (거리가) 가깝다, 멀지 않다. 비슷하다, 근사하다.
彼此(bǐcǐ)相近 : 서로 가까이 있다. 意见(yìjiàn)相近 : 의견이 비슷하다.

大潮(dàcháo) : (초승 · 보름께에 일어나는) 한사리, 대조(大潮 : 조수의 차가 가장 큰 때 혹 그때의 조수).

潮汛(cháoxùn) : 한사리, 대조. → 大潮汛 : 한사리, 대조.

来临(láilín) : 이르다, 도래하다, 다가오다. (귀빈이)왕림 · 임석(하다).

淹没(yānmò) : 침몰하다, 물에 잠기다. 물에 빠지다, 익사하다. 파묻(히)다.

此刻(cǐkè) : 이때, 이 시간. 지금.

相悦(xiāngyuè) : 서로 사랑하며 기뻐하다. 男女相悦 : 남녀가 서로 사랑하며 즐기다.

和谐(héxié) : 조화롭다, 잘 어울리다. 화목하다, 정답다, 의좋다. 조화, 어울림.

边(biān) : 가장자리(河边 hébiān : 강가). 경계, 변경(边疆 biānjiāng : 변경, 변방, 국경지대).
주위(身边 shēnbiān : 신변).

船厂(chuánchǎng) : 조선소.

码头(mǎtou) : 부두, 선창. 교통이 편리한 상업도시.

旧址(jiùzhǐ) : 옛터. 본래 주소, 옛 주소.

耸立(sǒnglì) : 우뚝 (높이)솟다, 곧추 솟다. 群山(qúnshān)耸立 : 산들이 높이 솟아 있다.

铁锚(tiěmáo) : (쇠로 만든)닻. 锚 : 닻.

叙述(xùshù) : 설명 · 서술 · 진술(하다).

번 역 3-3

강물 유람 전망대는 여행객에서 황포강과 가까이 있는 환경을 제공하였다. 특히 매년 7 · 8월 한사리가 도래할 때, 강물은 강물 전망대를 물에 잠기게 하여, 이때 사람과 물이 서로 즐기고, 사람들은 자연이 가져온 어울림과 아름다움을 충분히 향유한다. 강변대로 주변에는 70여 년의 조선 역사가 있는 상해 리신 조선소의 부두 옛터를 여전히 보류하고 있으며, 우뚝 솟은 거대한 철닻은 마치 여행객에게 포동의 과거 · 현재와 미래를 설명하고 있는 것 같다…….

본 문 4-1

从滨江大道出发， 沿着百米宽的世纪大道等一系列景观道路，便可来到浦东国际机场。这里已成为都市旅游的新热点。近日春暖花开，参观游人每天逾三千。游客们在高达一百零二米的亚洲第一航站楼，登高远望；在宽敞别致的候机大厅里漫步观光。其中最令人兴奋的是在航站楼内，隔着玻璃观看空中管制员指挥飞机飞行， 遥望大型飞机起降的雄姿。 浦东国际机场开放航站楼供游客参观之举开了世界机场之先例，已经引起了国外一些机场的关注。

발음 연습 4-2

cóng bīnjiāng dàdào chūfā, yánzhė bǎi mǐ kuān dė shìjì dàdào děng yíxìliè jǐngguān dàolù, biàn kě láidào pǔdōng guójì jīchǎng。zhèli yǐ chéngwéi dūshì lǚyóu dė xīn rèdiǎn。jìnrì chūnnuǎn huākāi, cānguān yóurén měitiān yú sānqiān。yóukèmėn zài gāodá yī bǎi líng èr mǐ dė yàzhōu dìyī hángzhànlóu, dēnggāo yuǎnwàng ； zài kuānchang biézhì dė hòujī dàtīng li mànbù guāngguāng。qízhōng zuì lìng rén xīngfèn dė shì zài hángzhànlóu nèi, gézhė bōlí guānkàn kōngzhōng guǎnzhìyuán zhǐhuī fēijī fēixíng, yáowàng dàxíng fēijī qǐjiàng dė xióngzī。pǔdōng guójì jīchǎng kāifàng hángzhànlóu gōng yóukè cānguān zhī jǔ kāi lė shìjiè jīchǎng zhī xiānlì, yǐjīng yǐnqǐ lė guówài yìxiē jīchǎng dė guānzhù。

단어 정리

沿着(yánzhe)… : …을 따라서(끼고).

热点(rèdiǎn) : 사람들의 주목을 끄는 것(문제, 곳 등). 분쟁(이 격렬한) 지방.
→ 都市旅游的新热点 : 도시여행의 새 인기 지역.

近日(jìnrì) : 근래, 최근.

春暖花开(chūnnuǎnhuākāi) : 봄은 따뜻하고 꽃이 핀다 → 따뜻한 봄에 꽃이 피다.

参观游人(cānguān yóurén) : 참관하는 유람객 · 관광객 · 여행객 → 관람객.

逾(yú) : 넘다, 초과하다. 더욱더, 한층.

航站楼(hángzhànlóu) : 공항 건물. 航站 : 航空站(hángkōngzhàn), 공항(airport). 楼(lóu) : 건물, 빌딩.

登高远望(dēnggāo yuǎnwàng) : 높은 곳에 올라 멀리 바라보다.
登高 : 높은 곳에 오르다. 지붕에 오르다. 远望 : 멀리 바라보다. 먼 곳을 바라보다.
望远镜(wàngyuǎnjìng) : 망원경.

宽敞(kuānchang) : 넓다, 널찍하다.

别致(biézhì) : 특이 · 독특하다, 색다르다.

候机(hòujī) : 비행기를 기다리다.

大厅(dàtīng) : 홀, 대청.
→ 候机大厅 : 공항 대합실. 候机室 : 공항 대합실.

漫步(mànbù) : 한가롭게 거닐다, 발길 닿는 대로 걷다.

兴奋(xīngfèn) : 흥분 · 감격 · 감동하다.

隔着玻璃(gézhe bōlí) : 유리를 사이에 두고 → 유리창을 통해.

管制员(guǎnzhìyuán) : 관제사. 管制 : 관제 · 통제(하다).
→ 空中(kōngzhōng)管制员 : 항공 관제사. = 领航(lǐngháng).

遥望(yáowàng) : 멀리 바라보다. 遥望天边(tiānbiān) : 하늘가를 멀리 바라보다.
起降(qǐjiàng) : (항공기의) 발착.
雄姿(xióngzī) : 웅자, 웅장한 · 우람한 모습.
举(jǔ) : 행위. 거동.
开先蹒(kāi xiānlì) : 선례 · 전례를 만들다(남기다). 史(shǐ)无(wú)先例 : 역사에 전례가 없다.

번역 4-3

강변대로에서 출발하여, 100미터 폭의 세기대로 등 일련의 경관 도로를 따라서 가면, 바로 포동 국제공항에 도착할 수 있다. 이곳은 이미 도시 여행의 새 인기 지역이 되었다. 최근 따뜻한 봄에 꽃이 피며, 관람객이 매일 3천 명을 넘었다. 여행객은 높이 102미터의 아시아 제일의 공항 건물에서 높은 곳에 올라 먼 곳을 바라보며, 넓고 독특한 공항 대합실에서 한가롭게 거닐면서 관광한다. 그 중에서 가장 감동적인 것은 공항 건물 안에서 유리창을 통해 항공 관제사가 비행기의 비행을 지휘하는 것을 보며, 대형 비행기가 발착하는 웅장한 모습을 멀리 바라보는 것이다. 포동 국제공항이 공항 건물을 개방하여 관광객에게 참관을 제공하는 행위는 세계 공항의 선례가 되었고, 이미 외국의 일부 공항의 관심을 받았다.

MEMO

MEMO

본문 5-1

有"玫瑰世界"之称的东海玫瑰园是由中国与荷兰合资建造的。整个园区全部被高大的玻璃房封闭着。跨进电脑控制的暖棚，好象来到一个五彩缤纷的花卉王国。抬头望去，成千上万朵玫瑰含笑怒放。沿着中央大道前行，阵阵玫瑰花香扑鼻而来。大道两侧，齐腰高的玫瑰，花枝挺拔，花色、花姿、花型各不相同，仅玫瑰花的颜色就有十六种之多。其中有极少见的蓝玫瑰和黑玫瑰。观完花，带上一束玫瑰回家，别是一种赏心乐事。

본문 5-2

yǒu "méigui shìjiè" zhī chēng dė dōnghaǐ méiguiyuán shì yóu zhōngguó yǔ hélán hézī jiànzào dė。zhěngge yuánqū quánbù bèi gāodà dė bōlífáng fēngbìzhė。kuàjìn diànnǎo kòngzhì dė nuǎnpéng, hǎoxiàng láidào yíge wǔcǎi bīnfēn dė huāhuì wángguó。táitóu wàng qù, chéngqiān shàngwàn duǒ méigui hánxiào nùfàng。yánzhė zhōngyāng dàdào qiánxíng, zhènzhèn méigui huāxīang pūbí ér lái。dàdào liǎngcè, qí yāo gāo dė méigui, huāzhī tǐngbá, huāsè、huāzī、huāxíng gè bù xiāngtóng, jǐn méigui huā dė yánsè jiù yǒu shíliù zhǒng zhī duō。qízhōng yǒu jí shǎojiàn dė lán méigui hé hēi méigui。guānwán huā, dàishang yí shù méigui huíjiā, biéshì yì zhǒng shǎngxīn lèshì。

단어 정리

玫瑰(méigui) : 장미. 때찔레.

园(yuán) : 밭. 공공장소. 花园(huāyuán) : 화원, 꽃밭. 果园(guǒyuán) : 과수원. 动物园(dòngwùyuán) : 동물원.

区(qū) : 구역. 지역.
→ 园区 : (장미)원 구역, 원내(園內).

房(fáng) : 집, 가옥. 방.
平房 : 단층집. 楼(lóu)房 : 2층집. 一所房 : 집 한 채. 卧(wò)房 : 침실. 客(kè)房 : 응접실.

封闭(fēngbì) : 봉쇄 · 폐쇄하다. 밀봉 · 봉인하다.

跨进(kuàjìn) : 크게 내딛다, 약진하다. 들어서다, 진입하다.

暖棚(nuǎnpéng) : 겨울철 뜰에 가설하는 추위막이 덮개. 棚 : (천)막. 우리. 天棚 : 천막, 차양. 牛棚 : 외양간.

五彩(wǔcǎi) : 오채, (황 · 적 · 청 · 흑 · 백의)오색. 다채로운 빛깔.
五彩铅笔 : (천연)색연필, = 彩色(cǎisè)铅笔.

缤纷(bīnfēn) : 찬란 · 찬연하다. 어지럽다, 난잡하다. 落英(luòyīng)缤粉 : 꽃이 어지러이 떨어지다.
→ 五彩缤纷 : 울긋불긋하다, 오색찬란하다.

花卉(huāhuì) : 화훼, 화초.

抬头(táitóu) : 머리를 들다. 왕성해지다, 좋아지다.
→ 抬头望去(wàng qù) : 머리를 들고 바라보며 가면,

成千上万(chéngqiān shàngwàn) : 수천 수만, 대단히 많은 수의. = 上千上万, 成千成万.
成千 : 천. 成千的人 : 천 명이나 되는 사람.

含笑(hánxiào) : 웃음을 머금다(띠다), 미소짓다.

怒放(nùfàng) : (꽃이)활짝 피다, 만발하다.

阵阵(zhènzhèn) : 이따금, 간간이.

花香(huāxīang) : 꽃향기.

扑鼻(pūbí) : (냄새가)코를 찌르다, 진동하다, 풍겨오다.
  扑(pū) : (코를)찌르다, 진동하다. (얼굴에)스치다, 덮쳐오다.

齐腰高(qí yāo gāo) : 허리까지 높다.
  齐(qí) : (같은 정도에) 이르다, 도달하다, 다다르다. 河水齐腰深 : 강물이 허리까지 온다.
  弯腰(wānyāo) : 허리를 굽히다. 两手叉腰(chāyāo) : 두 손을 허리에 대다.
  腰酸头痛(yāosuān óutòng) : 허리가 쑤시고 다리가 아프다.

花枝(huāzhī) : 꽃가지. 花枝儿 : 미인. 花枝招展(zhāozhǎn) : 부녀자가 매우 아름답게 차려 입은 모양.

挺拔(tǐngbá) : 우뚝하다. 빼어나다, 뛰어나다.

花色(huāsè) : 꽃 색깔. 무늬와 색깔. 종류. 花色齐全(qíquán) : 모든 종류가 구비되다.

花姿(huāzī) : 꽃 자태, 꽃 맵시. 姿(zī) : 자세, 자태, 맵시. 용모, 모습, 생김새.

花型(huāxíng) : 꽃 모양. 양식, 패션. 무늬, 도안.

仅(jǐn) : 다만, 단지, …뿐. 겨우, 가까스로.

少见(shǎojiàn) : 보기 드물다, 진귀하다. 격조하다. 少见少见 : 오래간만입니다, 참 반갑습니다.
  → 极少见 : 극히 드물다, 매우 진귀하다.

束(shù) : [양사] 묶음, 다발, 단. 10개. [동] 묶다, 매다, 동이다. 속박 · 제한 · 단속하다. [명] 끝, 결말.

别是(biéshì) : (문두에 쓰여) 혹은, 어쩌면.

赏心(shǎngxīn) : 마음을 즐겁게 하다.
  赏(shǎng) : 상 · 상품(을 주다). (아랫사람에게)주다. 감상 · 관상 · 완상하다. 칭찬하다.

乐事(lèshì) : 즐거운 일. 즐거움.
  → 赏心乐事 : 마음이 즐거운 일.

번역 5-3

"장미 세계"라는 칭호가 있는 동해 장미원은 중국과 네덜란드가 합자하여 세운 것이다. 모든 원내는 전부 높고 큰 유리방에 의해 봉쇄되어 있다. 컴퓨터 통제의 추위막이 덮개를 들어서면, 마치 오색찬란한 화훼 왕국에 온 것 같다. 머리를 들고 바라보며 가면, 숱한 장미들이 미소를 띠고 활짝 피어 있다. 중앙대로를 따라 앞으로 나가면, 이따금 장미의 꽃향기가 코를 찌르며 풍겨온다. 대로 양측에서 키가 허리까지 높은 장미는 꽃가지가 우뚝 솟아 있다. 꽃 색깔 · 꽃 자태 · 꽃 모양은 서로 다르고, 오로지 장미꽃의 색깔만도 바로 16종으로 많이 있다. 그 중에는 매우 진귀한 파란 장미와 검은 장미가 있다. 꽃을 다 관람한 후에 장미 한 송이를 가지고 귀가한다면, 어쩌면 마음이 즐거운 일일 것이다.

MEMO

본문 6-1

东海影视乐园为影视外景拍摄基地。外景区内，有“旧上海一条街”、明清街道、江南水乡等，还建有河流、湖泊和孤岛等景点，中外和港台地区的多部电影和电视剧在此取景拍摄。旅游者如有幸，或许还可以客串其中的一个角色，圆一圆演员梦。此外，中外游客还可在园内作其他的游乐，品尝“色、香、味”具佳的珍奇海鲜美味。浦东，正在成为中外游人休闲、旅游的好去处。

발음 연습 6-2

dōnghaǐ yǐngshì lèyuán wéi yǐngshì wàijǐng pāishè jīdì。wàijǐng qūnèi, yǒu “jiù shànghaǐ yì tiáo jiē”、míng qīng jiēdào、jiāngnán shuǐxiāng děng, hái jiànyǒu héliú、húpō hé gūdǎo děng jǐngdiǎn, zhōngwài hé gǎng tái dìqū dė duō bù diànyǐng hé diànshìjù zài cǐ qǔjǐng pāishè。lǚyóuzhě rú yǒuxìng, huòxǔ hái kěyǐ kèchuàn qízhōng dė yíge juésè, yuán yi yuán yǎnyuán mèng。cǐwài, zhōngwài yóukè hái kě zài yuánnèi zuò qítā dė yóulè, pǐncháng “sè、xīang、wèi” jù jiā dė zhēnqí haǐxiān měiwèi。pǔdōng, zhèngzài chéngwéi zhōngwài yóurén xiūxián、lǚyóu dė hǎo qùchù。

단어 정리

影视(yǐngshì) : 영화와 텔레비전.

乐园(lèyuán) : 낙원.

外景(wàijǐng) : 오픈세트(openset), 야외 신(scene). 外景布景(bùjǐng) : 오픈세트.

拍摄(pāishè) : 촬영하다. 사진 찍다. 外景拍摄 : 로케이션. 拍摄外景 : 로케이션하다, 야외장면을 촬영하다.
→ 外景拍摄基地 : 야외 촬영 기지.

明清街道(míng qīng jiēdào) : 명나라와 청나라의 거리. 명 · 청 거리.

水乡(shuǐxiāng) : 수향, 수곽, 물가의 마을.
→ 江南(jiāngnán)水乡 : 강남의 물가 마을. 강남 수향.

有(yǒu) : [동사 뒤에 붙어 동작 · 행위의 결과가 존재함을 나타냄] …해 (되어)있다.
→ 建(jiàn)有 : 건축되어 있다.

湖泊(húpō) : 호수(의 총칭).
泊(bó) : (배가)정박하다, (배를)물가에 대다. 泊岸(bóàn) : 기슭에 배를 대다.

孤岛(gūdǎo) : 외딴섬, 고도, 낙도.

景点(jǐngdiǎn) : 명소, 경승지. 旅游(lǚyóu)景点 : 관광 명소.

取景(qǔjǐng) : (촬영이나 스케치할 때)배경으로 하다, 배경을 고르다, 경물(景物)을 고르다.

有幸(yǒuxìng) : 다행히도. (행)운이 있다.

客串(kèchuàn) : (아마추어가 전문 극단에)임시 출연하다. (배우가 다른 극단에)특별 · 찬조 출연하다.

角色(juésè) : 배역. 역할. 인물, 명사.

圆梦(yuánmèng) = 详梦(xiángmèng) : 해몽(하다).
→ 圆演员(yǎnyuán)梦 : 배우(연기자)의 꿈을 이루다.

游乐(yóulè) : 행락하다, 놀며 즐기다, 즐겁게 놀다.

品尝(pǐncháng) : 시식하다, 맛보다. 자세히 식별하다.

具(jù) : 모두, 낱낱이.

佳(jiā) : 좋다, 훌륭하다, 아름답다. 우수한 인물 · 사물.

珍奇(zhēnqí) : 진기하다.

海鲜(haǐxiān) : 바다에서 나는 신선한 어패류 또는 그 요리. = 海味(haǐwèi) : 해산물.

美味(měiwèi) : 맛있는 음식. 맛이 좋다.

→ 海鲜美味 : 맛있는 해산물 요리.
去处(qùchù) : 장소, 곳. 행선지, 행방. 점, 일.

번역 6-3

동해 영화 · 티브이 낙원은 영화 · 티브이 야외 촬영 기지이다. 오픈세트 구내에는 "옛 상해 거리"와 명 · 청 거리와 강남 수향 등이 있고, 또한 하천 · 호수와 외딴섬 등 명소가 건축되어 있으며, 중국 · 외국과 홍콩 · 타이완 지역의 여러 영화와 티브이 연속극이 여기에서 배경으로 촬영되었다. 여행자는 만약 운이 있어, 혹시 배역 하나를 찬조 출연하면, 조금은 배우가 되는 꿈을 이룰 수 있다. 이외에 중국 · 외국 여행객은 또한 원내에서 다른 오락을 즐기며, "색 · 향 · 미"가 모두 좋은 진기한 맛있는 해산물 요리를 맛볼 수 있다. 포동은 바야흐로 중국 · 외국 여행객의 여가활동 · 여행의 좋은 장소로 되고 있다.**

www.chinanews.com.cn

14 사회:
수해 구재

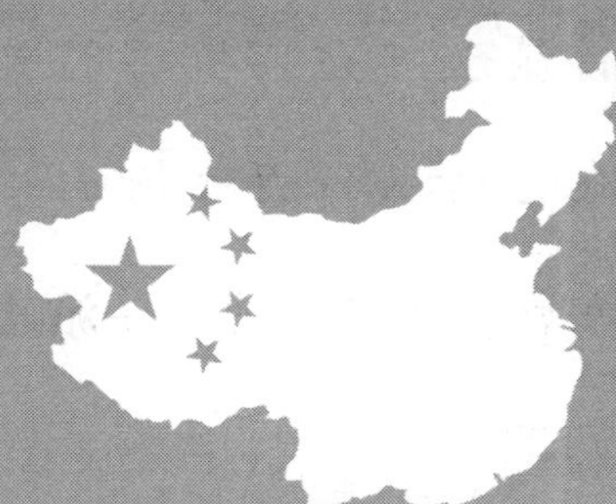

China

본문 1-1 5省市3000多万人遭受水灾 我国启动紧急救灾方案:

进入6月份以来，我国部分地区发生了大范围明显降雨过程，陕西、四川、重庆、湖北和贵州等地降大到暴雨，致使部分地区山洪暴发，造成严重人员伤亡和财产损失。民政部今天公布的灾情统计显示，洪涝灾害已造成上述5省市3000多万人受灾，因灾死亡205人，农作物受灾面积356万公顷。目前，民政部已启动紧急救灾方案，并派出工作组赴灾区指导地方开展抗灾救灾工作。

발음 연습 1-2 wǔ shěng shì sān qiān duō wàn rén zāoshòu shuǐzāi, wǒguó qǐdòng jǐnjí jiùzāi fāngàn:

jìnrù liù yuèfèn yǐlái, wǒguó bùfèn dìqū fāshēnglė dà fànwéi míngxiǎn jiàngyǔ guòchéng, shǎnxī、sìchuān、chóngqìng、húběi hé guìzhōu děngdì jiàng dà dào bàoyǔ, zhìshǐ bùfèn dìqū shānhóng bàofā, zàochéng yánzhòng rényuán shāngwáng hé cáichǎn sǔnshī。 mínzhèngbù jīntiān gōngbùdė zāiqíng tǒngjì xiǎnshì, hónglào zāihài yǐ zàochéng shàngshù wǔ shěng shì sānqiān duō wàn rén shòuzāi, yīn zāi sǐwáng èrbǎi líng wǔ rén, nóngzuòwù shòuzāi miànjī sānbǎi wǔshí liù wàn gōngqǐng。

mùqián, mínzhèngbù yǐ qǐdòng jǐnjí jiùzāi fāngàn, bìng pàichū gōngzuòzǔ fù zāiqū zhǐdǎo dìfāng kāizhǎn kàngzāi jiùzāi gōngzuò。

단어 정리

遭受(zāoshòu) : 받다. (불행 · 손해) 당하다. 遭受打击 : 타격을 받다.

水灾(shuǐzāi) : 수해(水害). 수재(水災).

启动(qǐdòng) : (기계 · 설비) 시동하다. 가동(稼動)하다. 启动器 : 시동기.

紧急(jǐnjí) : 긴급 · 긴박하다. 紧急措施 : 긴급 조치. 战事紧急 : 전쟁이 긴박하다.

救灾(jiùzāi) : 이재민을 · 재난을 구원 · 구제(救濟)하다. 구재(救災)하다.

份(fèn) : (省 · 县 · 年 · 月의 뒤에 붙여, 구분이나 구획을 나타내는 단위).
→ 省份(shěngfèn) : (성의 범위 · 구역) 성. 年份(niánfèn) : 연분. 月份(yuèfèn) : 월분.

部分地区(bùfēn dìqū) : 일부 지역.

大范围(dàfànwéi) : 광범위.

明显(míngxiǎn) : 뚜렷하다. 분명하다.

降雨(jiàngyǔ) : 비가 내리다. 강우.

过程(guòchéng) : 과정(過程). 여기에서는 '현상'을 의미함.
→ 发生…降雨过程 : (저기압이 지나가는 동안 일시적으로) 강우 현상이 발생하다. 비가 내리다.

等地(děngdì) : (땅 이름 밑에서 쓰여) 등지, 그런 곳들.

降到(jiàngdào) : 떨어지다. 내리다. 温度降到摄氏(shèshì)零下十度 : 온도가 섭씨 영하 10도까지 내려가다.

暴雨(bàoyǔ) : 폭우(暴雨).
→ 降大到暴雨 : 폭우에 이르도록 비가 크게 내리다. 비가 크게 내려서 폭우에 이르다.

致使(zhìshǐ) : …하여(서) …(하게)되다(주로 부정적 결과를 야기함).
由于准备工作没做好, 致使试验无法进行 : 준비작업이 잘 되지 않아서, 시험을 진행할 수 없게 되었다.

造成(zàochéng) : 조성하다, 만들다. (나쁜 사태를)발생 · 야기시키다, 초래하다.

山洪(shānhóng) : 산사태. 发山洪 : 산사태가 나다.

暴发(bàofā) : 벼락부자가 되다(부정적). 돌발하다.
→ 山洪暴发 : 산사태가 갑자기 일어나다. 爆发(bàofā) : 폭발하다. 火山爆发 : 화산이 폭발하다.

伤亡(shāngwáng) : 사상(死傷).

民政部(mínzhèngbù) : (중국 국무원 산하 행정기관) 민정부.

灾情(zāiqíng) : 재해 상황, 피해 상황.

洪涝(hónglào) : 홍수(洪水)와 침수(沈水). 受涝害 : 침수 피해를 입다.

灾害(zāihài) : 재해.

受灾(shòuzāi) : 재해를 입다. 受灾地区 : 재해 지역. 受灾面积 : 피해 면적.

公顷(gōngqǐng) : 헥타르(hectare). 合塔尔(hétǎèr).

派(pài) : 파견하다. 임명하다. 맡기다. 派出(pàichū), 调派(diàopài) : 파견하다.
派代表团出席大会 : 대표단을 파견하여 대회에 출석시키다.
上司派了委员 : 상사가 위원을 임명했다.
请您派他个事情吧 : 그에게 무엇인가 일을 맡겨 주시오.

工作组(gōngzuòzǔ) : 업무조, 업무팀.

赴(fù) : …(로)가다. 향하다. 离北京赴重庆 : 북경을 떠나 중경에 가다.

灾区(zāiqū) : 재해 지역.

指导(zhǐdǎo) : 지도. 지도하다. 指导方针 : 지도 방침. 指导工人操作机器 : 직공에게 기계조작을 지도하다.

地方(dìfāng) : (중앙에 대해) 지방. 그 지방, 그 곳.
地方(dìfang) : 장소, 곳, 부위. 부분, 점.

开展(kāizhǎn) : 확대 · 전개하다. 전개. 발전. 开展批评 : 비평을 전개하다.

抗灾(kàngzāi) : 재해에 대처하다. 抗住了去年那场灾 : 작년의 그 재해에 대처했다.
→ 指导地方开展抗灾救灾工作 : 지방이 재해에 대처하고 구재하는 업무를 전개하는 것을 지도하다.
→ 지방의 재해 대처 · 구재 업무 전개를 지도하다.

번역 1-3 5개 성 · 시의 3천여 만 명이 수재를 당하고, 우리나라는 긴급 구재 방안을 가동하다:

6월로 들어선 이후, 우리나라의 일부 지역에서 광범위하고 명백한 강우 현상이 발생하고, 섬서 · 사천 · 중경 · 호북과 귀주 등지에서 큰비가 내리다가 폭우가 내려서, 일부 지역에서는 산사태가 갑자기 일어나게 되고, 심각한 인원 사상과 재산 손실을 야기하였다. 민정부가 오늘 발표한 재해 상황의 통계에 의하면, 홍수와 침수의 재해는 상술한 5개 성 · 시 3천여만 명의 피해, 재해로 인한 사망 205명, 농작물 피해 면적 356만 헥타르를 이미 초래하였다. 현재 민정부는 긴급 구재 방안을 가동하고, 또한 업무조를 재해 지역으로 파견하여 지방의 재해 대처 · 구재 업무 전개를 지도하고 있다.

MEMO

본 문 2-1

据初步统计，全省30多个县、510多万人受灾，其中成灾人口360多万，152人因灾死亡，紧急转移安置人口约11万人。交通、通信、水利、电力等基础设施损毁严重，陇海铁路桥被洪水冲垮。6月7日至8日， 四川南充、遂宁等地的大部分地区出现暴雨， 个别地方出现了特大暴雨， 由于降雨量过大，引发了洪涝、滑坡、泥石流等灾害，造成人员伤亡，房屋倒塌，耕地被毁，巴中、广元等9个市52个县(市、区)受灾，紧急转移安置21万多人。湖北、重庆、贵州、甘肃、宁夏等省、自治区、直辖市部分地区也出现强降雨天气，造成较为严重的损失。

발음 연습 2-2

jù chūbù tǒngjì, quánshěng sānshí duō gè xiàn、wǔbǎi yīshí duō wàn rén shòuzāi, qízhōng chéngzāi rénkǒu sānbǎi liùshí duō wàn, yībǎi wǔshí èr rén yīn zāi sǐ wáng, jǐnjí zhuǎnyí ānzhì rénkǒu yuē yīshí yīwàn rén。jiāotōng、tōngxùn、shuǐlì、diànlì děng jīchǔ shèshī sǔnhuǐ yánzhòng, lónghaǐ tiělù bāhé tiělù qiáo bèi hóngshuǐ chōngkuǎ。 liù yuè qī rì zhì bā rì, sìchuān nánchōng、suíníng děngdì dė dàbùfėn dìqū chūxiàn bàoyǔ, gèbié dìfāng chūxiànlė tèdà bàoyǔ, yóuyú jiàngyǔliàng guòdà, yǐnfālė hónglào、huápō、níshíliú děng zāihài, zàochéng rényuán shāngwáng, fángwū dǎotā, gēngdì bèihuǐ, bāzhōng、guǎngyuán děng jiǔ gè shì wǔshí èr gè xiàn(shì、qū) shòuzāi, jǐnjí zhuǎnyí ānzhì èrshí yīwàn duō rén。 húběi、chóngqìng、guìzhōu、gānsù、níngxià děng shěng、zìzhìqū、zhíxiáshì bùfėn dìqū yě chūxiàn qiáng jiàngyǔ tiānqì, zàochéng jiàowéi yánzhòngdė sǔnshī。

단어 정리

成灾(chéngzāi) : 재해, 이재(罹災). 재해가 되다.
→ 成灾人口 : 이재 인구, 이재민.

转移(zhuǎnyí) : 옮기다. 이동하다. 변화하다. 전이하다. 전환. 이동.
随着势力转移 : 세력을 좇아 변화하다. 癌转移到肺部了 : 암이 폐부로 전이하다.
做转移 : 전환하다.

安置(ānzhì) : 안치하다. 배치하다. 지위. 직위.
安置行李 : 짐을 제자리에 놓다. 都得到了适当的安置 : 모두 적당한 자리를 배치받았다.

设施(shèshī) : 시설. 防洪设施 : 홍수 방지 시설.

损毁(sǔnhuǐ) : 파손. 훼손. 损坏(sǔnhuài) : 파손시키다. 훼손시키다.
损 : 감소하다. 损价出售 : 값을 낮춰 팔다.
毁 : 파괴하다. 훼손하다. 毁坏人的名誉 : 타인의 명예를 훼손하다.

陇海铁路(lónghaǐ tiělù) : 룽 하이 철로(동쪽 江苏省 连云港 ~ 서쪽 甘肃省 兰州市까지의 동서 간선).

桥(qiáo) : 다리. 교량. 桥梁 : 교량. 중개, 매개. 起桥梁作用 : 매개 역할을 하다.

冲垮(chōngkuǎ) : (물 따위가)쓸어 무너뜨리다. 돌파하다. 冲垮敌军防线 : 적군의 방어선을 무너뜨리다.

个别(gèbié) : 개개(의), 개별적(인). 일부의, 극소수의, 극히 드문.
→ 个别地方 : 일부 지방.

引发(yǐnfā) : 일으키다. 야기시키다. 기폭(起爆). 引发读者研究的兴趣 : 독자의 연구 흥미를 자아내다.

滑坡(huápō) : 산사태. 滑 : 미끄럽다. 미끄러지다.

泥石流(níshíliú) : 흙과 모래와 돌 따위가 섞인 물사태.

倒塌(dǎotā) : 倒坍(dǎotān), (건물 등)무너지다. 넘어지다.

耕地(gēngdì) : 토지를 갈다. 농경지.

直辖市(zhíxiáshì) : 직할시. 중국의 4대 직할시 : 北京市, 天津市, 上海市, 重庆市.

降雨(jiàngyǔ) : 비가 내리다. 강우.
→ 强(qiáng)降雨 : 대량 강우.

번역 2-3

초보적인 통계에 의하면, 전체 성의 30여 개 현과 510여만 명이 재해를 당했고, 그 중에서 이재민은 360여만 명이고, 152명이 재해로 사망했으며, 긴급 이동 배치 인구는 약 11만 명이었다. 교통 · 통신 · 수리 · 전력 등 기초 시설의 훼손이 심각하고, 룽 하이 철로 교량이 홍수에 의해 파괴되었다. 6월 7일부터 8일까지 사천성 난 충과 수이 닝 등지의 대부분 지역에서는 폭우가 발생하고, 일부 지방에서는 대폭우가 출현하여, 강우량이 너무 많아서, 홍수와 침수 · 산사태 · 물사태 등 재해를 야기하고, 인명 사상과 주택 붕괴 및 경작지 훼손을 초래하였고, 빠 중 · 광 웬 등 9개 시 · 52개 현(시 · 구)이 재해를 당하여, 21만여 명을 긴급 이동 배치하였다. 호북 · 중경 · 귀주 · 감숙 · 영하 등 성 · 자치구 · 직할시의 일부 지역에도 대량 강우 기후가 나타나, 비교적 심각한 손실을 초래하였다.

MEMO

본문 3-1

灾情发生后，党中央、国务院非常重视抗灾救灾工作，民政部按照中央领导同志的指示，迅速向陕西、四川派出工作组，查看灾情，慰问农民，指导地方开展抗灾救灾工作。民政部副部长杨衍银已于灾害发生当天率工作组赴陕西灾区。民政部与财政部还向陕西下拨中央救灾应急款800万元，向陕西、四川灾区紧急调拨1100顶救灾专用帐篷。

발음 연습 3-2

zāiqíng fāshēng hòu, dǎng zhōngyāng、guówùyuàn fēicháng zhòngshì kàngzāi jiùzāi gōngzuò, mínzhèngbù ànzhào zhōngyāng lǐngdǎo tóngzhìdèi zhǐshì, xùnsù xiàng shǎnxī、sìchuān pàichū gōngzuòzǔ, chákàn zāiqíng, wèiwèn zāimín, zhǐdǎo dìfāng kāizhǎn kàngzāi jiùzāi gōngzuò。mínzhèngbù fùbùzhǎng Yáng Yǎnyín yǐ yú zāihài fāshēng dàngtiān shuài gōngzuòzǔ fù shǎnxī zāiqū。mínzhèngbù yǔ cáizhèngbù hái xiàng shǎnxī xiàbō zhōngyāng jiùzāi yìngjíkuǎn bābǎi wàn yuán, xiàng shǎnxī、sìchuān zāiqū jǐnjí diàobō yīqiān yībǎi dǐng jiùzāi zhuānyòng zhàngpéng。

단어 정리

党中央(dǎng zhōngyāng) : 중국공산당 중앙위원회.

领导(lǐngdǎo) : 영도, 지도. 영도 · 지도하다. 영도자, 지도자.

查看(chákàn) : 조사 · 점검 · 검사하다. 查看货物 : 화물을 점검하다. 查看帐目 : 장부를 검사하다.

慰问(wèiwèn) : 위문하다. 慰问灾民 : 이재민을 위문하다. 慰问信 : 위문 편지.

杨衍银(yángyǎnyín) : (인명) 양 얜 인.

率(shuài) : 인솔하다. 경솔하다. 솔직하다. 率领队伍 : 대오를 거느리다. 轻率 : 경솔하다. 直率 : 솔직하다.

拨(bō) : (일부분을)떼어주다.
拨出 : 지출하다. (일부를)내다. 拨款 : (정부 · 상급 기관이)돈을 지출 · 지급하다.
国家拨出大批资金发展工业 : 국가가 대량의 자금을 지출하여 공업을 발전시키다.

调拨(diàobō) : (물자를)조달하다.
国家给他们调拨了大量化肥 : 국가는 그들에게 대량의 화학비료를 조달했다.

应急(yìngjí) : 절박한 필요에 대응하다. 응급 조치하다. 救灾应急款 : 구재 응급 기금. 应急措施 : 응급 조치.
调(diào)点款子来应急 : 돈을 좀 돌려 급한 것을 때우다.

顶(dǐng) : 꼭대기가 있는 것을 세는 양사. 一顶帽子 : 모자 한 개.

帐篷(zhàngpéng) : 장막. 천막. 搭(dā)帐篷 : 천막을 치다. 折(zhé)帐篷 : 천막을 걷다.

번역 3-3

재해 상황 발생 이후, 중국공산당 중앙위원회와 국무원은 재해 대처 · 구재 업무를 매우 중시하여, 민정부가 중앙위원회 지도자의 지시에 따라, 섬서 · 사천으로 업무조를 신속히 파견하여 재해 상황을 조사하고 농민을 위문하며, 지방의 재해 대처 · 구재 업무 전개를 지도하고 있다. 민정부 부부장 양 얜 인은 이미 재해 발생 당일 업무조를 이끌고 섬서성 재해 지역으로 달려갔다. 민정부와 재정부는 또한 섬서성에 중앙위원회의 구재 응급 기금 800만 위엔을 지급하고, 섬서 · 사천 재해 지역에 구재 전용 천막 1,100개를 긴급히 조달하였다.

본문 4-1

中国气象局根据气象数据判断，这次强降水过程后，陕西、甘肃、宁夏等地未来两三天内没有明显降水。6月17日至19日这一地区还会有过程性降水，雨量虽然不大，但预计仍将造成一定损失。西北地区东部，华北地区西部、南部，以及黄淮地区也将有降水过程。

水利部、农业部、卫生部、教育部提出，要密切关注陕西等地灾情，紧急调集抢险物资和医疗药品，及时掌握疫情发生情况，从人员、经费等方面给予大力支持，帮助灾区人民重建家园。

발음 연습 4-2

zhōngguó qìxiàngjú gēnjù qìxiàng shùjù pànduàn, zhècì qiáng jiàngshuǐ guòchéng hòu, shǎnxī、gānsù、níngxià děngdì wèilái liǎng sān tiān nèi méiyǒu míngxiǎn jiàngshuǐ。liù yuè shíqī rì zhì shíjiǔ rì zhèyí dìqū háiyǒu guòchéngxìng jiàngshuǐ, yǔliáng suīrán búdà, dàn yùjì réng jiāng zàochéng yídìng sǔnshī。xīběi dìqū dōngbù, huáběi dìqū xībù、nánbù, yǐjí huánghuái dìqū yě jiāng yǒu jiàngshuǐ guòchéng。

shuǐlìbù、nóngyèbù、wèishēngbù、jiàoyùbù tíchū, yào mìqiē guānzhù shǎnxī děngdì zāiqíng, jǐnjí diàojí qiǎngxiǎn wùzī hé yīliáopǐn, jíshí zhǎngwò yìqíng fāshēng qíngkuàng, cóng rényuán、jīngfèi děng fāngmiàn gěiyú dàlì zhīchí, bāngzhù zāiqū rénmín chóngjiàn jiāyuán。

단어 정리

数据(shùjù) : 데이터. 통계 수치. 자료.
 数据处理 : 데이터 처리. 数据库 : 데이터 뱅크, 데이터 베이스. 元始数据 : 기본 데이터.

强降水过程(qiáng jiàngshuǐ guòchéng) : 대량 강우 현상.

过程性降水(guòchéngxìng jiàngshuǐ) : 일과성 강우(一過性 降雨).

这一(zhèyī) : 이, 이 하나의. 이와 같이, 이렇게.

预计(yùjì) : 예상 · 전망하다. 사전 계산. 예상.

一定(yídìng) : [형] 어느 정도의, 상당한. 특정한. 필연적인. 일정하다. [부] 반드시, 꼭.

黄淮地区(huánghuái dìqū) : 황회(황화 · 회하 黄河 · 淮河) 지구.
 淮河(회하) : 중국 중부지방 하천, 황하와 장강의 중간에 위치함.

水利部(shuǐlìbù) : (국무원 산하 행정기관) 수리부.
 水利 : 수리. 水利工程(gōngchéng)(수리 공사)의 준말. 水利设施 : 수리 시설.

卫生部(wèishēngbù) : (국무원 산하 행정기관) 위생부.

指出(zhǐchū) : 지적하다. 가리키다. → (의견을) 나타내다, 밝히다.

密切(mìqiē) : [형] (관계가)밀접 · 긴밀하다. 세심 · 꼼꼼하다. [동] 밀접하게 하다.

关注(guānzhù) : 관심(을 가지다 · 쏟다), 배려(하다).

调集(diàojí) : 이동 집결시키다. 소집하다. 调集兵力 : 병력을 소집하다.

抢险(qiǎngxiǎn) : 긴급 구조하다. 응급 조치하다.
 抢(qiǎng) : 탈취하다. 앞다투어 …하다. 서두르다. 抢救(qiǎngjiù) : 급히 구조하다.
 → 抢险物资 : 긴급 구조 물자.

及时(jíshí) : 제때에. 적시에. 시기적절하다. 때맞다. 즉시. 신속히. 及时雨 : 때맞은 비.
及时地完成了生产 : 적시에 생산을 끝냈다. 有病要及时治疗 : 병이 있으면 즉시 치료해야 한다.

疫情(yìqíng) : 전염병 발생 상황. 疫 : 급성 전염병. 돌림병. 时疫 : 계절성 유행병.
防疫(fángyì) : 방역하다.
→ 疫情发生情况 : 전염병 발생 상황.

重建(chóngjiàn) : 재건하다.

家园(jiāyuán) : 집의 정원. 고향. 가정.
→ 重建家园(chóngjiàn jiāyuán) : 가정을 재건하다.

번역 4-3

중국 기상국은 기상 자료에 근거하여, 이번 대량 강우 현상 이후, 섬서 · 감숙 · 영하 등지는 앞으로 2~3일 안에는 명확한 강우가 없을 것이라고 판단했다. 6월 17일부터 19일까지 이 지역에서는 일과성 강우가 여전히 있을 수 있고, 강우량은 비록 크지 않지만, 상당한 손실을 초래할 것이라고 예상했다. 서북지구 동부와 화북지구 서부 · 남부 그리고 황회 지구에도 장차 강우 현상이 있을 것이다.

수리부 · 농업부 · 위생부 · 교육부는, 섬서성 등지의 재해 상황에 세심하게 관심을 쏟고, 긴급 구조 물자와 의료 약품을 긴급히 이동하며, 전염병 발생 상황을 제때에 파악하여, 인원과 경비 등 방면에 대해 힘껏 지원하고, 재해 지역 사람들이 가정을 재건하도록 도울 것이라고 밝혔다.**

http://news.xinhuanet.com/newscenter/2002-06/12/content_437532.htm

15 경제: 한국 대중국 투자

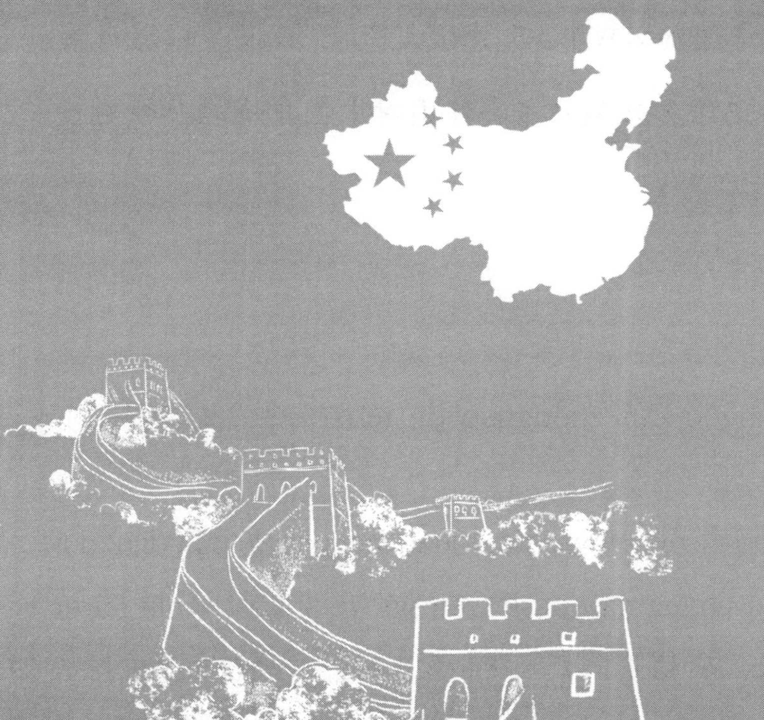

China

본문

1-1 韩国对中国的投资:

韩国过去在海外的投资相当积极，但对中国投资呈跳跃式增加，则是在1992年与中国建交后才发生。1997年东亚金融危机发生后，韩国受创严重，放缓对外投资步伐。但2000年以后，由于中国加入WTO开放巨大商机，以及美欧景气衰退，中国经济仍维持较高增长，韩国对中国投资的热情再度高涨。

발음 연습

1-2 hánguó duì zhōngguó dė tóuzī:

hánguó guòqù zài haǐwài dė tóuzī xiāngdāng jījí, dàn duì zhōngguó tóuzī chéng tiàoyuèshì zēngjiā, zé shì zài yī jiǔ jiǔ èr nián yǔ zhōngguó jiànjiāo hòu cái fāshēng。yī jiǔ jiǔ qī nián dōngyà jīnróng wēijī fāshēng hòu, hánguó shòuchuāng yánzhòng, fànghuǎn duìwài tóuzī bùfá。dàn èr líng líng líng nián yǐhòu, yóuyú zhōngguó jiārù WTO kāifàng jùdà shāngjī, yǐjí měi ōu jǐngqì shuāituì, zhōngguó jīngjì réng wéichí jiào gāo zēngzhǎng, hánguó duì zhōngguó tóuzī dė rèqíng zàidù gāozhǎng。

단어 정리

投资(tóuzī) : 투자(금). 투자하다.
→ 韩国过去在海外的投资 : 한국의 과거 해외에서의 투자 → 과거 한국의 해외 투자.

相当(xiāngdāng) : [부] 상당히, 무척. [형] 같다, 상당하다. 대등하다. 합당하다.

呈(chéng) : 나타내다, 드러내다. 드리다, 바치다.

跳跃(tiàoyuè) : 도약하다.
→ 跳跃式增加 : 도약적인 증가.

创(chuāng) : 상처. 손상.
创(chuàng) : 시작 · 창조 · 발명하다.
→ 受创(shòuchuāng) : 손상을 입다. 피해를 입다.

严重(yánzhòng) : 중대 · 심각하다.

放缓(fànghuǎn) : 늦추다, 풀다. 완만하다.

步伐(bùfá) : 발걸음, 보조(步调), 걸음걸이.

由于(yóuyú) : [접] …로 인하여, … 때문에. [개사] … 때문에, …로 인하여, …로 말미암아.

WTO : World Trade Organization(세계무역기구).

商机(shāngjī) : 상업적 기회.

仍(réng) : 여전히, 아직도. 누차, 거듭.

增长(zēngzhǎng) : 증가 · 신장(하다). 늘어나다. 높아지다. 行市(hángshì)增长 : 시세가 높아지다.

再度(zàidù) : 두 번째, 재차. 再度当先 : 재당선되다.

高涨(gāozhǎng) : (물가 · 수치가)급증하다, 뛰어오르다, 등귀하다. 고조되다. 호경기.
物价高涨 : 물가가 등귀하다. 情绪高涨 : 사기가 고조되다.

번역

1-3 한국의 중국에 대한 투자:

과거 한국의 해외 투자는 매우 적극적이었으나, 중국에 대한 투자가 도약적인 증가를 보인 것은, 바로 1992년 중국과 국교 수립을 한 이후에 비로소 발생하였다. 1997년 동아시아 금융 위기 발생 이후, 한국의 피해는 심각했고, 대외 투자의 발걸음은 완만하였다. 그러나 2000년 이후, 중국은 WTO에 가입하여 커다란 상업적 기회를 개방하고, 그리고 미국 · 유럽의 경기는 쇠퇴하기 때문에 중국 경제는 여전히 비교적 높은 신장을 유지하고, 한국의 중국에 대한 투자 열정은 다시 고조되었다.

본문 2-1

韩国对中国投资累计金额由1992年的271项2.06亿多美元增加至2001年的6,054项54.05亿美元， 增幅分别为22倍及26倍。如以投资项目数量分析， 中国是韩国最大的投资对象国，对中国投资项目数，占韩国对外投资项目总数的41.8% ；但从投资金额分析，仅占韩国对外投资总金额的15.9%，韩国对中国投资主要系以中小制造业为主。

발음 연습 2-2

hánguó duì zhōngguó tóuzī lèijì jīné yóu yī jiǔ jiǔ èr nián dė èrbǎi qīshí yī xiàng èryì líng liùbǎi wàn duō měiyuán zēngjiā zhì èr líng líng yī nián dė liùqiān líng wǔshí sì xiàng wǔshí sì yì líng wǔbǎi wàn měiyuán, zēngfú fēnbié wéi èrshí èr bèi jí èrshí liù bèi。rú yǐ tóuzī xiàngmù shùliáng fēnxi, zhōngguó shì hánguó zuìdà dė tóuzī duìxiàngguó, duì zhōngguó tóuzī xiàngmùshù, zhān hánguó duìwài tóuzī xiàngmù zǒngshù dė bǎifēn zhī sìshí yī diǎn bā ; dàn cóng tóuzī jīné fēnxi, jǐn zhān hánguó duìwài tóuzī zǒngjīné dė bǎifēn zhī shíwǔ diǎn jiǔ, hánguó duì zhōngguó tóuzī zhǔyào xì yǐ zhōngxiǎo zhìzàoyè wéizhǔ。

단어 정리

项(xiàng) : [양사] 가지. 항. 조목. 조항.
八项原则 : 여덟 가지 원칙. 一项一项地进行解释 : 한 항목씩 해석하다.
项目(xiàngmù) : 항목, 사항. 按着项目 : 항목 순으로. 关键性的建设项目 : 관건이 되는 건설 사항.

增幅(zēngfú) : 증가폭.

总数(zǒngshù) : 총수.

系(xì) : …이다.
→ 主要系以中小制造业为主 : 주로 중소 제조업을 위주로 하다.

번역 2-3

한국의 중국에 대한 투자 누계 금액은 1992년의 271 항목과 2억 6백만여 달러에서 2001년의 6,054 항목과 54억 5백만 달러로 증가하였고, 증가폭은 각각 22배와 26배이다. 만약 투자 항목 수량으로 분석하면, 중국은 한국의 최대 투자 대상국이고, 중국에 대한 투자 항목 수는 한국 대외 투자 항목 총수의 41.8%를 점유한다. 그러나 투자 금액으로 분석하면, 단지 한국 대외 투자 총금액의 15.9%를 점유하고, 한국의 중국에 대한 투자는 주로 중소 제조업을 위주로 한다.

본 문 3-1

随着全球经济自由化趋势及韩国企业转型的需要， 韩国政府不断放宽对企业赴海外投资的限制，到1997年彻底实现海外投资自由化的政策， 除了被列为金融交易信用不良者及正在办理移民海外手续者外， 不论法人或个人均可到海外投资。基本上，韩国企业海外投资的管理机制为 《外汇交易法》、《外汇交易法施行细则》 及 《外汇交易业务处理指引》，海外投资政策及执行机构则由财政经济部统筹负责。

발음 연습 3-2

suízhė quánqiú jīngjì zìyóuhuà qūshì jí hánguó qǐyè zhuǎnxíng dė xūyào, hánguó zhèngfǔ búduàn fàngkuān duì qǐyè fù haǐwài tóuzī dė xiànzhì, dào yī jiǔ jiǔ qī nián chèdǐ shíxiàn haǐwài tóuzī zìyóuhuà dė zhèngcè, chúlė bèi lièwéi jīnróng jiāoyì xìnyòng bùliángzhě jí zhèngzài bànlǐ yímín haǐwài shǒuxùzhě wài, búlùn fǎrén huò gèrén jūn kě dào haǐwài tóuz ī。jīběn shang, hánguó qǐyè haǐwài tóuzī dė guǎnlǐ jīzhì wéi ≪wàihuì jiāoyì fǎ≫、≪wàihuì jiāoyì fǎ shīxíng xìzé≫ jí ≪wàihuì jiāoyì yèwù chǔlǐ zhǐyǐn≫, haǐwài tóuzī zhèngcè jí zhíxíng jīgòu zé yóu cáizhèng jīngjìbù tǒngchóu fùzé。

단어 정리

转型(zhuǎnxíng) : 1) 제품의 크기와 종류를 바꾸다.
2) 사회경제구조 · 정치제도 · 가치관 · 생활방식 등에 변화가 일어나다.
转(zhuǎn) : (방향 · 위치 · 형세 등이)바뀌다, 전환하다. (몸을)돌리다. (중간에서)전하다. 송달하다.
转(zhuàn) : 돌다, 회전하다. 맴돌다, 선회하다.
型 : 본, 모형. 유형, 모양, 양식.
→ 企业(qǐyè)转型 : 기업의 구조 변화. 기업의 구조조정.

放宽(fàngkuān) : 완화하다, 늦추다. 넓히다, 확장하다. (마음을)느긋하게 가지다.

赴(fù) : (…로)가다. 향하다.
→ 企业赴海外投资 : 기업이 해외에 가서 투자하다 → 기업의 해외 투자.

彻底(chèdǐ) : 철저히. 철저하다. 철저히 하다.

交易(jiāoyì) : 거래 · 교역 · 장사(하다). 和外国做交易 : 외국과 교역하다. 证券交易 : 증권 거래.

列为(lièwéi) : (어떤 부류에)속하다, 들다. 列为议程(yìchéng) : 의사 일정에 들다.

均(jūn) : 모두, 다, 전체로.

到海外投资(dào haǐwài tóuzī) : 해외에 가서 투자하다 → 해외 투자.

机制(jīzhì) : 시스템, 메커니즘, 구조.

外汇(wàihuì) : 외국환, 외화, 외환.

指引(zhǐyǐn) : 지도 · 인도 · 안내하다, 이끌다. 가이드.

外汇交易法(wàihuì jiāoyì fǎ) : 외환거래법 → 한국의 공식 명칭은 '외국환거래법'.

外汇交易法施行细则(wàihuì jiāoyì fǎ shīxíng xìzé) : 외환거래법시행세칙 → 한국의 공식 명칭은 '외국환거래법시행령'.

外汇交易业务处理指引(wàihuì jiāoyì yèwù chǔlǐ zhǐyǐn) : 외환거래업무처리가이드 → 한국의 공식 명칭은 '외국환거래업무취급세칙'.

统筹(tǒngchóu) : 총괄하다. 전면적인 (통일된)계획을 세우다.
统筹办理 : 총괄적으로 처리하다. 统筹全局(quánjú : 전체 국면) : 전반적으로 통일된 계획을 세우다.

번 역 3-3

세계 경제 자유화의 추세와 한국 기업 구조 변화의 필요에 따라, 한국 정부는 기업의 해외 투자 제한을 끊임없이 완화하고, 1997년에 이르러 해외 투자 자유화의 정책을 철저히 실현하여, 금융 거래 신용 불량자와 해외 이민 수속중인 자를 제외하고, 법인 혹은 개인을 불문하고 모두가 해외 투자를 할 수 있다. 기본적으로 한국 기업 해외 투자의 관리 시스템은 〈외국환거래법〉·〈외국환거래법시행령〉 및 〈외국환거래업무취급세칙〉이고, 해외 투자 정책과 집행 기구는 재정경제부가 총괄적으로 책임을 맡는다.

MEMO

MEMO

본 문 4-1

由以上分析可以看出， 韩国在对中国投资方面呈现出一些新的特点，可以概括为：

(1)在中国加入WTO前后，韩国企业对中国投资转趋积极。在投资区位选择上，将中国视为主要投资地区；在投资产业上，电子、化工产业维持竞争优势，且优势持续增加；在投资策略上，韩国大财团如三星企业，不仅将中国视为生产加工基地，而将最先进、新开发技术，同步移往中国，并以高附加价产品为切入中国市场的攻击型投资策略，值得关注。

발음 연습 4-2

yóu yǐshàng fēnxi kěyǐ kànchū, hánguó zài duì zhōngguó tóuzī fāngmiàn chéngxiànchu yìxiē xīn dė tèdiǎn, kěyǐ gàikuò wéi：

(1)zài zhōngguó jiārù WTO qiánhòu, hánguó qǐyè duì zhōngguó tóuzī zhuǎnqū jījí。zài tóuzī qūwèi xuǎnzéshang, jiāng zhōngguó shìwéi zhǔyào tóuzī dìqū ； zài tóuzī chǎnyèshang, diànzǐ、huàgōng chǎnyè wéichí jìngzhēng yōushì, qiě yōushì chíxù zēngjiā ; zài tóuzī cèlüèshang, hánguó dàcáituán rú sānxīng qǐyè, bùjǐn jiāng zhōngguó shìwéi shēngchǎn jiāgōng jīdì, ér jiāng zuì xiānjìn、xīn kāifā jìshù, tóngbù yíwǎng zhōngguó, bìng yǐ gāofùjiājià chǎnpǐn wéi qiērù zhōngguó shìchǎng dė gōngjīxíng tóuzī cèlüè, zhídė guānzhù。

단어 정리

呈现(chéngxiàn) : 나타내다. 나타나다. 양상을 띠다.

出(chu) : (동사의 뒤에 쓰여) 나오다, 나타나다, 완성되다(등을 의미함).

转趋(zhuǎnqū) : 1) …으로 바뀌어 가다. 2) 전환 추세, 전환 경향.
趋 : (어떤 방향)으로 향해 가다, 쏠리다, 향하다. 日趋繁荣(fánróng) : 날로 번영해가다.
→ 转趋积极 : 적극성을 향해 바뀌어 가다. 적극성으로 바뀌어가다. → 적극성을 띠어가다.

区位(qūwèi) : 지역 위치.

竞争优势(jìngzhēng yōushì) : 경쟁적 우위(우세).

财团(cáituán) : 재벌. 재벌 그룹.

且(qiě) : [접] 다시금, 게다가, 그 위에, 또한, 더욱이. = 并且(bìngqiě), 而且(érqiě).

策略(cèlüè) : 책략, 전술. 전술적이다.

同步(tóngbù) : 보조를 맞추다, 행동 통일을 하다. 동기(同期), 동시성, 병발(並發), 동시 발생.

移往(yíwǎng) : …쪽으로 이전하다.
移 : 이동하다, 옮기다. 변(동)하다. 往 : [개사] …쪽으로, …(을) 향해.
→ 同步移往中国 : 동시에 중국으로 이전하다.

附加(fùjiā) : 부가(하다), 추가(하다).
→ 高附加价(gāofùjiājià) : 고부가가치.

切入(qiērù) : 깊이 파고들다.

번 역 4-3

이상의 분석으로 볼 때, 한국은 중국에 대한 투자에서 새로운 특징들을 나타내고 있는데, 다음과 같이 개괄할 수 있다.

(1) 중국이 WTO에 가입한 전후로, 한국 기업의 중국에 대한 투자는 적극성을 띠어갔다. 투자 지역 위치의 선택에서는 중국을 주요 투자 지역으로 간주하며, 투자 산업에서는 전자 · 화공 산업이 경쟁적 우세를 유지하고 더욱 그 우세가 지속적으로 증가하며, 투자 책략에서는 한국 대재벌 예로 삼성 기업이 중국을 생산 가공 기지로 삼을 뿐만 아니라, 그리고 최선진 · 신개발 기술을 동시에 중국으로 이전하고, 또한 고부가가치 상품을 중국 시장으로 깊이 파고드는 공격형 투자 책략으로 간주하니, 관심을 가질 만하다.

MEMO

MEMO

본문 5-1

(2)韩国企业集团对中国投资经营正常化、规模大型化、技术与人才本土化的策略, 同时积极在中国设立研发中心等, 对结合资源或提升其整体竞争力都大有裨益, 但对中国中小型企业而言, 势必造成冲击。

(3)1994年以来, 韩国电子产品在中国市占率呈现倍数跳升, 韩国三星企业集团的投资策略已经向以先端技术攻占中国市场转变。

발음 연습 5-2

(2)hánguó qǐyè jítuán duì zhōngguó tóuzī jīngyíng zhèngchánghuà、guīmó dàxínghuà、jìshù yǔ réncái běntǔhuà dė cèlüè, tóngshí jījí zài zhōngguó shèlì yánfā zhōngxīn děng, duì jiéhé zīyuán huò tíshēng qí zhěngtǐ jìngzhēnglì dōu dà yǒu bìyì, dàn duì zhōngguó zhōngxiǎoxíng qǐyè ér yán, shìbì zàochéng chōngjī。

(3)yī jiǔ jiǔ sì nián yǐlái, hánguó diànzǐ chǎnpǐn zài zhōngguó shìzhānlǜ chéngxiàn bèishù tiàoshēng, hánguó sānxīng qǐyè jítuán dė tóuzī cèlüè yǐjīng xiàng yǐ xiānduān jìshù gōngzhān zhōngguó shìchǎng zhuǎnbiàn。

단어 정리

企业集团(qǐyè jítuán) : 카르텔. 기업 연합. (계열을 이룬 기업체의 무리로서) 기업 그룹.

本土化(běntǔhuà) : 현지화.

同时(tóngshí) : 동시에, 또한, 게다가, 나아가.

研发中心(yán fā zhōngxīn) : 연구개발센터.
→ 积极在中国设立研发中心等 : 중국에서 적극적으로 연구개발센터를 설립하는 등. → 중국에서의 적극적인 연구개발센터 설립 등.

提升(tíshēng) : 진급시키다(하다). 등용 · 발탁하다. = 提高(tígāo) : 제고하다. 향상시키다. 높이다. 고양하다.

整体(zhěngtǐ) : 전체, 총체.

裨益(bìyì) : 이익(이 있다), 이익(을 주다), 도움(이 되다). 裨益于世 : 세상 사람들에게 이익을 주다.
→ 对…大有裨益 : …에 대해 이익이 크게 있다, 이익이 크다. …에 있어 매우 유리하다.

势必(shìbì) : 꼭, 반드시, 필연코.

冲击(chōngjī) : 충격, 쇼크. 충돌하다, 세차게 부딪치다.

市占率(shì zhān lǜ) : 시장점유율.

倍数(bèishù) : 배수. 갑절이 되는 수.

跳升(tiàoshēng) : 도약 · 상승하다.
跳 : 도약하다, 뛰(어 오르)다. 升 : 오르다, 올라가다, 떠오르다. 상승하다.
→ 呈现倍数跳升 : 갑절의 도약을 나타내다. 갑절로 뛰어오르다.

先端(xiānduān) : (잎 · 꽃 · 열매 등의) 선단부, 끝, 끄트머리.
→ 先端技术 : 첨단 기술.

攻占(gōngzhān) : 공격하여 점령하다.

转变(zhuǎnbiàn) : 전변 · 전환하다, (점점)바뀌다. (사상을)전향하다.
→ 向以先端技术攻占中国市场转变 : 첨단 기술로써 중국 시장을 점령하는 것을 향해 바뀌고 있다.
→ 첨단 기술에 의한 중국 시장 진출로 바뀌고 있다.

번 역 5-3

(2) 한국 기업 그룹의 중국 투자에 대한 경영 정상화 · 규모 대형화 · 기술과 인재 현지화의 책략, 또한 중국에서의 적극적인 연구개발센터 설립 등은 자원의 결합 혹은 그 총체적 경쟁력의 제고에 있어 모두 커다란 이익을 갖고 있다. 그러나 중국의 중소형 기업에 대해서 말하자면, 반드시 충격을 초래한다.

(3) 1994년 이래로 한국 전자 생산품의 중국 시장점유율은 갑절로 뛰어올랐고, 한국 삼성 그룹의 투자 책략은 이미 첨단 기술에 의한 중국 시장 진출로 바뀌고 있다.**

http://www.china.com.cn/chinese/zhuanti/263706.htm

MEMO

부록 찾아보기

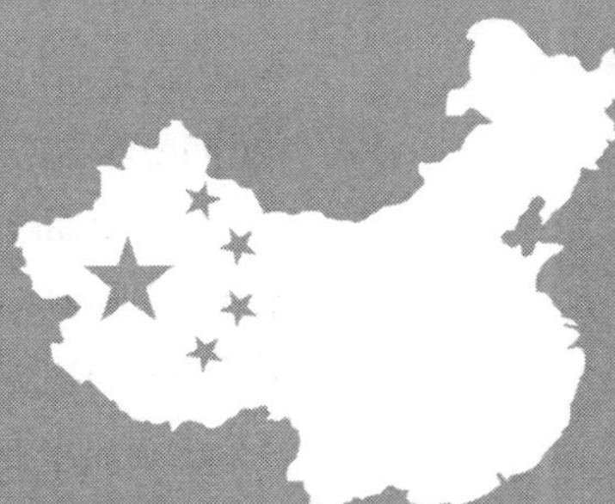

China

단어 찾아보기

로마자와 성조의 순서이고, 숫자는 해당된 과를 표시함.

D

H

K

L

M

N

P

Q

R

S

T

Y

Z

저/자/소/개

차성만(車城滿)

국민대학교 졸업

國立政治大學(臺灣, National Chengchi University, Taiwan) 석사

中國文化大學(臺灣, Chinese Culture University, Taiwan) 박사

현) 서경대학교 중어학과 교수

꽃보다 시사중국어 -초급-

2009년 11월 5일 초판 인쇄

2009년 11월 10일 초판 발행

저 자 차 성 만

발행인 (寅製) 진 욱 상

저자와 합의하에 인지첩부 생략

발행처 백산출판사

서울시 성북구 정릉3동 653-40

등 록 : 1974. 1. 9. 제 1-72호

전 화 : 914-1621, 917-6240

FAX : 912-4438

http://www.baek-san.com

edit@baek-san.com

값 14,000원

ISBN 978-89-6183-239-7